KB207217

14살 인생 멘토

아름다운 가치를 지켜 낸 사람들의

인생 보고서

14살 인생 멘토

1판 1쇄 발행일 2009년 12월 21일 **1판 24쇄 발행일** 2024년 2월 1일
글쓴이 김보일 **그린이** 곽윤환 **펴낸곳** (주)도서출판 북멘토 **펴낸이** 김태완
편집주간 이은아 **책임편집** 강봉구
편집 김경란, 조정우 **디자인** 디자인시, 안상준 **마케팅** 강보람, 민지원, 염승연
출판등록 제6-800호(2006. 6. 13.)
주소 03990 서울시 마포구 월드컵북로 6길 69(연남동 567-11) IK빌딩 3층
전화 02-332-4885 **팩스** 02-6021-4885

🔺 bookmentorbooks.co.kr ✉ bookmentorbooks@hanmail.net
📷 bookmentorbooks__ 📘 bookmentorbooks

ⓒ 김보일 2009

※ 잘못된 책은 바꾸어 드립니다.
※ 이 책은 저작권법에 따라 보호를 받는 저작물이므로 무단 전재와 무단 복제를 금합니다.
※ 이 책의 전부 또는 일부를 쓰려면 반드시 저작권자와 출판사의 허락을 받아야 합니다.
※ 책값은 뒤표지에 있습니다.

ISBN 978-89-6319-013-6 03990

아름다운 가치를 지켜 낸 사람들의 인생 보고서

14살
인생 멘토

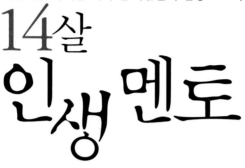

김보일 지음 | 곽윤환 그림 | 고흥준 다듬음

북멘토

책을 읽다가 저는 뜻밖의 인물을 만났습니다. 그는 바로 소크 박사(Jonas Edward Salk), 소아마비 백신 개발에 성공한 학자였습니다. 소아마비는 1950년대 중반만 해도, 미국에서 해마다 58,000여 명의 환자가 생겨날 정도로 무서운 병이었습니다. 소크 박사가 이런 무서운 병의 백신을 만들었으니 이제 돈을 버는 일은 식은 죽 먹기였겠지요. 수많은 제약 회사가 특허를 양도하라며 많은 돈을 소크 박사에게 제의했을 테니까요. 그러나 소크 박사는 단호하게 거절했습니다.

"나는 백신을 특허로 등록하지 않을 것입니다.
저 태양을 특허 신청할 수 없듯이 말입니다."

인류를 괴롭히던 소아마비를 박멸에 이르게 한 것은 의학 연구 덕분이기도 하지만 소크 박사의 '이익을 포기할 줄 아는 마음' 때문이라고도 할 수 있을 것입니다.
지금 세계 보건 기구에 납품되는 소아마비 백신 1개의 값은 100원 정도에 불과해 누구나 맞을 수 있다고 합니다. 1993년 시사 주간지 〈타임〉이 소크 박사를 20세기의 100대 인물에 선정한 까닭은 자신의 연구 성과를 인류의 공동 자산으로 함께 나눈 사랑의 정신에 있었다고도 할 수 있겠죠.

이익을 보면 옳음을 생각하라는 뜻의 '견리사의見利思義'라는 말이 있습니다. 그러나 오늘날 사람들의 삶을 보세요. 한 푼이라도 더 벌기 위해 안달하는 모습, 바로 그것이 우리가 살아가는 모습이 아닐까요? 더 많은 것을, 더 빠른 시간 내에, 더 적은 힘을 들이고 생산하겠다는 것이 '돈만을 추구하는' 우리네 삶의 모습은 아닐까요? '부자 되기', '성공하기', 이 두 명제가 우리의 삶을 만들어 간다고 해도 과언이 아니겠죠.

세계의 역사를 살펴보면 고집스럽게 '옳음의 길'을 간 분들의 삶이 있습니다. 그들은 이익이나 명예를 좇지 않았습니다. 안락함이나 화려함을 추구하지도 않았으며, 남들이 간 길을 가지도 않았습니다. 자신이 옳다고 생각한 자신의 길을 갔습니다. 비록 외롭고, 힘겨웠지만 처음 생각한 길을 포기하지 않았습니다.

또한 그들은 자신만을 위해 살지 않았습니다. 그렇다고 타인만을 위한 삶을 산 것도 아닙니다. 그들은 자신의 양심과 판단이 시키는 대로 정직한 삶을 살았을 뿐입니다. 이 책에 나오는 어떤 사람들은 자신의 양심과 이성에 따라 사람들이 가는 방향과 반대의 길을 가기도 했습니다. 모든 사람이 이익을 따를 때, 그 반대의 길을 간 소크 박사처럼 말입니다. 세상은 이런 사람을 바보라고 손가락질할지도 모릅니다. 그러나 바로 이런 분들이 새로운 역사와 세계를 만들어 가는 것은 아닐까요?

연어처럼!
급류를 거슬러 오르는 정신,
바로 그것이 소크 박사의 정신이며,
이 글에 등장하는 사람들의 위대함입니다.
명예나 이익, 화려함 같은 것은
그들의 관심 속에 있지 않습니다.
성공도 인생의 목표가 될 수는 없었습니다.
'견리사의 정신', 바로 그것이 그들의 삶을 이끌었습니다.

부끄러움이 없는 삶을 살았던 그들을 보면서 우리들에게도 조금이나마 그들을 닮으려는 마음이 생겼으면 합니다. 독서란 우리의 마음이 커지는 과정이기도 하지만 우리의 마음이 변화하는 과정이기도 하니까요. 이 책을 통해 우리의 마음이 변하고, 세상이 조금이라도 아름답게 변했으면 하고 바랍니다.

김보일

차례

01
위대한 실패를 선택한
모험가
어니스트 섀클턴

"살아남아라!
그리고 탈출하라!"

두 갈래 길이 있다.

하나는 평탄한 길이요,
또 하나는 굽이진 길이다.

사람들은 대개 평탄한 길을 선택한다. 왜? 평탄한 길이 안전하기 때문이다. 모험보다는 안전을 택하는 것이 일반 사람들의 심리다. 안전을 보장하는 길은 쉬운 길, 편한 길이다. 만약 당신이 어떤 길을 선택해야 할지 망설여진다면 대부분의 사람들이 간 길을 따르면 된다. 그러면 최소한 안전은 보장받을 수 있다.

모험가들은 대중들과는 달리 위험한 길을 택한다.
위험한 길은 상처와 아픔을 주지만
영광은 상처와 아픔의 깊이만큼 큰 법이다.

그러나 영광만을 위해 그들이 위험한 길을 택한다고 볼 수는 없다. 어니스트 헤밍웨이의 소설 《노인과 바다》에 나오는 노인이 바로 안락함보다는 위험을 선택하는 모험가의 유형이다.

그는 엄청나게 거대한 청새치와의 사투 끝에 이를 잡지만 돌아오는 길에 상어에게 빼앗기고 뼈만을 얻게 된다. 그러나 노인은 패배한 것이라고 생각하지 않는다.

"인간은 죽는 일은 있을망정
패배하지는 않는다."

A Man can be destroyed but not defeated.

그가 얻고자 했던 것은 청새치라는 결과가 아니었다. 그는 낚시를 통해 자신의 의지를 뛰어넘는 분투와 초극의 과정을 즐겼는지도 모른다.

어니스트 헤밍웨이|Hemingway, Ernest Miller
84일간 고기를 못 잡은 노인이 큰 청새치를 잡았으나 귀항하던 중 상어 떼를 만나는 이야기를 다룬 《노인과 바다》로 노벨 문학상을 받았다. 《무기여 잘 있거라》, 《누구를 위하여 종은 울리나》에서 볼 수 있듯 그의 작품은 주로 현실과 맞서 싸우는 인간 본연의 모습을 다루고 있다.

1953년 에베레스트 등정에 처음으로 성공한 뉴질랜드인 에드먼드 힐러리는 에베레스트 등정 50주년을 기념하는 자리에서 이런 말을 한 적이 있다.

"많은 돈을 내고 경험 많은 가이드의 인도를 받아
산에 오르는 것은 등산이라고 할 수 없다."

등산은 어디까지나 산과 인간의 싸움이라는 것이다. 기술이나 자본의 힘을 빌려 산에 오르는 것은 진정한 등산이 아니라고 그는 생각한다. 중요한 것은 정상 정복이라는 결과가 아니라 산을 오르는 분투의 과정이라는 뜻이다. 분투의 과정을 즐기는 정신, 그것이 스포츠의 정신이고 모험의 정신이다.

사람들이 **안락함만을 선호한다는 것은** 분명 편견이다. 모험가들이 그렇듯이 사람들에게는 위험을 선택하는 취향 또한 분명히 존재한다. 이 위험을 선택하는 사람들이 새로운 길을 만들고 장대한 인간 드라마를 연출하기도 한다.

에드먼드 힐러리와 노르게이 텐징
왼쪽은 세계 최초로 에베레스트 등정에 성공한 힐러리. 오른쪽에 서 있는 사람은 우리가 이름을 기억하지 못하는 셰르파, 텐징이다. 텐징은 힐러리보다 먼저 정상 근처에 도달했으나 힐러리에게 에베레스트 최초 등정의 영광을 넘긴다. 텐징의 도움이 없었더라면 힐러리의 성공도 없었을 것이다.

아일랜드 출신 탐험가 섀클턴은 1914년 남극 탐험 계획을 세운다. 웨들 해에서 로스 해까지 2,900킬로미터를 횡단하기로 한 것이다. 말이 2,900킬로미터이지 사실상 죽음의 여정이나 다름없었다. 섀클턴은 유빙의 습격에 견딜 수 있게 특수 제작한 배, 인듀어런스호를 구입한 후 이 위대한 원정에 참가할 대원들을 모으기 위해 다음과 같은 광고를 런던 타임스에 냈다

MEN WANTED for Hazardous Journey. Small wages, bitter cold, long months of complete darkness, constant danger, safe return doubtful. Honor and recognition in case of success — Ernest Shackleton.

위험한 여행을 위한 사람들 구함

급료는 적음,

혹독한 추위, 길고 캄캄한 어둠,

끊임없는 위험,

안전한 귀환을 보장 못함.

성공할 때는 명예와 인정!

- 어니스트 섀클턴

바로 이것이 세계 광고사에 길이 남을 불후의 명작, 섀클턴의 남극 탐험 대원 모집 광고다. 이런 광고를 보고 과연 얼마나 많은 사람들이 올지는 미지수였다.

그러나 결과는 뜻밖이었다.
약 5,000명이 지원했다.
모험으로의 충동이 영국 젊은이들의 가슴에 불을 지핀 것이다.

안락을 선택하느니,
위험과 그 뒤에 오는 영광을 선택하겠다는 의지로 똘똘 뭉친 5,000명의 겁 없는 지원자 중 27명이 모험 대원으로 선발된다. 이후 섀클턴과 27명의 대원들이 연출해 내는 고난과 역경의 드라마는 세계인의 가슴에 깊은 인상을 남긴다.

섀클턴은 대원들과 함께 범선 인듀어런스호를 타고 세 번째 남극 탐험 장정을 떠나지만 그들이 탄 배는 부빙에 갇히고 말았다. 그들은 부빙 위에 다섯 개의 텐트를 친다. 기온은 영하 39도까지 떨어졌고, 물개와 펭귄을 잡아 허기를 달랬다. 이 혹독한 상황 속에서도 섀클턴은 27명의 대원을 이끌고 2년이 넘는 시간을 남극에서 버티면서 한 사람의 낙오자도 없이 영국으로 무사히 귀환한다.

사람들은 이 장정을 가리켜 '위대한 실패', '위대한 항해'라고 불렀다. 남극 빙벽에서 634일을 견디고 전 대원이 무사히 귀환했기 때문이다. 대체 무엇이 이들로 하여금 극한의 고통을 이기게 하였을까.

섀클턴을 비롯한 대원들이 남긴
남극 탐험 일기의 한 토막을 보자.

"섀클턴은
자신의 아침 식사용 비스킷을 내게 내밀며
먹으라고 했다.
내가 비스킷을 받으면
그는 저녁에도 내게 비스킷을 줄 것이다.
나는 도대체 이 세상 어느 누가
이처럼 철저하게 관용과 동정을 보여줄 수 있을까
생각해 본다.
나는 죽어도 섀클턴의
그러한 마음을 잊지 못할 것이다.
수천 파운드의 돈으로도
결코 그 한 개의 비스킷을 살 수
없을 것이다."

평범한 상황에서가 아닌
극한 상황 속에서의 비스킷 하나는
생명을 좌지우지할 수도 있는 소중한 것이다.
그것을 동료 대원에게 흔쾌히 줄 수 있는 섀클턴의 관대함,
그것이 도덕적 리더십의 본질이었다.

새클턴은 탁월한 낙천가이기도 했다. 인듀어런스호에 함께 탔던 과학자는 자신에게 노래 실력을 테스트한 **새클턴의 독특한 면접**이 인상 깊었다고 회상했다.

"노래를 신 나게 부를 줄 아느냐고 묻더군요. 조난 중에는 간이 콘서트를 열기도 했지요. 그는 빙하에 갇혔을 때도 대원들의 불안감을 없애기 위해 촌극, 체스 등 즐거운 게임을 마련했고, 배 위에서 가벼운 스포츠를 즐기며 대원들에게 신선한 자극을 주었습니다. 그리고 불만이 있는 대원들은 곁에 두어 고민을 이해하려고 했고, 다양한 독서를 통해 대원 개개인의 관심사에 대해 대화를 나누려고 했습니다.

또한 그는 동료애를 탐험의 최고 가치로 여겨 전통적인 위계질서를 깨뜨리려고 애썼습니다. 뱃사람, 과학자, 의사, 누구라고 할 것 없이 모든 사람들이 배의 조종, 야간 불침번, 기상 관측 등 가장 필수적인 일을 번갈아 하면서 서로를 이해하도록 만들었습니다. 그는 배가 얼음벽에 갇혀서 난파되자 꼭 필요한 것이 아닌 물건들을 모조리 버려 무게를 최소한으로 줄인다면 구명보트로 얼음판을 가로질러 바다로 나갈 수 있다고 확신했습니다.

이러한 상황에서 그는 대원들에게 자신들의 생존에 방해되는 물건이 있다면 어떤 것이든 버려야 한다는 메시지를 전달했습니다. 각자 개인 소지품을 2파운드밖에 가지고 갈 수 없다고 명령을 내리고 난 뒤 섀클턴은 스스로 모범을 보였습니다. 그는 주머니에서 값비싼 장식품들을 꺼내 눈 속에 던졌습니다. 그리고 다시 금으로 된 담배 케이스를 찾아냈고 이것 역시 땅에 던져 버렸지요."

스스로 솔선수범하는 자세,
섀클턴의 리더십은 권력이나 금력이 아니라
도덕성에서 나온 것이다.

얼음이 조금씩 녹자 섀클턴은 체력이 좋은 대원 다섯 명을 이끌고 6미터에 불과한 구명보트로 1,280킬로미터의 드레이크 해협을 지나 3,000미터에 달하는 얼음산을 넘어 포경 기지에 극적으로 구조 요청을 하게 된다. 그리고 구조 요원을 데리고 자신의 동료들을 구하기 위해 힘들게 왔던 길을 다시 돌아간다.

섀클턴은 죽음의 사우스조지아 섬을 빠져나오며 이렇게 되뇌었다.

66

고통당하고 굶주렸지만 승리했고,
기었지만 영광을 잡았다.

99

어니스트 섀클턴

1874년 2월 15일 아일랜드에서 출생.

1901년 스콧 대령이 이끄는 영국 남극 탐험대(디스커버리호, 1901~1904년)에 참가하였으나 괴혈병에 걸려 중도 포기.

1908년 1월 영국 남극 탐험대(님로드호, 1907~1909년)의 대장이 되어 남극점에서 156킬로미터 떨어진 남위 88도 23부까지 진출하는 기록을 세움. 이 탐험의 공로로 영국에 돌아와 기사 작위와 로열 빅토리아 훈장을 받음.

1914년 8월 영국 남극 횡단 탐험대를 이끌고 남극점을 거쳐 맥머도 만까지 횡단하려다 부빙에 갇힘. 탁월한 리더십으로 전 대원을 무사 귀환시킴.

1922년 1월 5일 퀘스트호를 타고 남극 탐험에 나섰다가 사우스조지아 섬 그리트비켄에서 심장마비로 사망.

극지 탐험의 역사

1911년 두 탐험대가 남극을 정복하겠다는 비전을 가지고 길을 떠났다. 하나는 노르웨이의 로알 아문센이 이끄는 팀이었고, 또 하나는 영국의 로버트 스콧이 이끄는 팀이었다. 아문센은 에스키모들의 여행법과 남극 지역을 여행한 사람들의 경험담을 철저히 분석하여, 모든 장비와 물품들을 에스키모개가 끌도록 했고, 탐험 대원을 선발할 때도 개 썰매를 모는 전문가와 숙달된 스키어를 모집했다. 결국 아문센의 탐험대는 남극점을 정복하고 돌아올 수 있었다. 그러나 영국 해군 장교였던 스콧은 상세한 사전 답사 없이 모터 엔진으로 끄는 썰매와 망아지들이 짐을 지고 가게 했다. 모터 엔진들은 모두 얼어붙었고, 망아지들은 추위에 꼼짝도 못했다. 할 수 없이 탐험 대원들이 200파운드가 넘는 짐이 실린 썰매들을 끌고 가야 했다. 그렇게 10주 동안 800마일을 걸어서 1912년 1월 17일 마침내 남극점에 도달했을 때, 스콧은 아문센 일행이 한 달 전에 꽂아 놓은 노르웨이 국기가 휘날리고 있는 것을 보아야 했다. 탈진한 스콧과 대원들은 돌아오는 도중에 하나씩 죽어 갔다.

02
편안한 삶을 거부한
떠돌이 철학자
에릭 호퍼

"친숙한 것을 새로운 것으로
보이게 하는 것이
창조적인 예술가의 힘이다."

미국의 사회 철학자 에릭 호퍼는 '길 위의 철학자'로 통한다. 길 위의 철학자라는 말은 곧 그가 떠돌이요, 부랑자였음을 의미한다. 도를 찾아 떠나는 수도승처럼 그는 천성적으로 안주安住를 거부한 사람이었다.

호퍼는 1902년 뉴욕 브롱크스의 독일계 이민자 가정에서 태어났다. 그는 다섯 살 때 어머니와 함께 계단에서 굴러떨어지는 사고로 눈을 다쳐 일곱 살에 시력을 잃는다. 호퍼의 어머니는 끝내 회복을 못하고 그가 아홉 살 때 세상을 뜬다. 호퍼는 시력을 잃은 지 8년 만인 열다섯 살 때 기적적으로 시력을 회복한다. 이후로 그는 미친 듯이 독서에 몰입한다. 자서전인《에릭 호퍼, 길 위의 철학자 Truth Imagined》에서 그는 당시를 이렇게 회상한다.

"나는 다섯 살이 되기 전에 읽는 법을 배웠다.
시력이 돌아오자 거침없이 읽을 수 있었다.
언제 다시 시력을 잃을지 모른다고 생각했기 때문에
눈을 혹사시키는 것에 대해 전혀 신경 쓰지 않았다.
다시 눈이 멀기 전에 읽을 수 있는 모든 것을 읽고 싶었다."

다시 시력을 잃을지도 모른다는 불안감 때문에 그는 독서에 몰두한다. 그는 떠돌이 생활 중에도 손에서 책을 놓지 않았다. 수학, 물리학, 지리학 등 분야를 가리지 않고 닥치는 대로 읽었다.

"교육의 주요 역할은
배우려는 의욕과 능력을
몸에 심어 주는 데 있다.
'배운 인간'이 아닌 계속 배워 나가는 인간을
배출해야 하는 것이다."

그는 배움에 목마른 자였다.

열여덟 살 때 아버지마저 사망하자,
생업을 위해 로스앤젤레스로 이주해
오렌지 행상, 야적장 인부 등의 직업을 전전한다.
스물여덟 살의 어느 일요일에
그는 자살을 시도한다.
음독자살을 결심한 그는 수산염을 삼킬 요량으로 길을 걷는다.
그는 당시를 이렇게 회고했다.

"나는 초록빛으로 뒤덮인 들판과 과수원을,
굽이굽이 돌며 푸른 바다로 달려가는 길을 생각했다.
배낭을 가볍게 흔들면서
팔다리를 움직여 길을 걷는 것만큼
즐거운 일은 없을 것 같았다."

그는 죽음을 선택하지 않고 삶을 선택했다. 그에게 삶은 곧 길 위의 방랑을 의미했다. 그는 자살 미수를 기회로 세인트루이스를 떠나 캘리포니아를 떠돈다. 온화한 날씨, 손을 뻗으면 닿을 수 있는 황금색 오렌지….
캘리포니아는 방랑자에게 더 없이 좋은 곳이었다.

어느 날 오렌지를 팔러 나섰다가
자신의 숨겨진 재능을 발견한다.
놀라운 장사 수완으로 오후가 채 지나기도 전에
한 트럭 분량의 오렌지를 혼자 다 팔아 치운 것이다.
두둑하게 받은 돈을 세던 그는,

"유혹에 넘어가지 않는 법을 배워야 한다."며

바로 장사를 그만둔다.
편안한 삶, 돈에 얽매이는 삶을 그는 원치 않았다.
그가 원한 삶은 편한 삶이 아니라 불안하고 낯선 삶이었다.
그는 또
"친숙성은 생의 날카로운 날을 무디게 한다."고
생각했다.

아무리 좋은 경치도 매일 보면
더 이상 아름다운 느낌을 주지 않는다.
친숙성이 생의 날카로움을 무디게 했기 때문이다.
생명을 다 바쳐 사랑할 것만 같았던 연인도
결혼을 하고 나면 밋밋하게 느껴질 수 있다.

이 역시 친숙성이 생의 날카로움을 무디게 했기 때문일 것이다.
에릭 호퍼는 친숙성에 의해 무뎌지지 않는 삶을 원했다. 삶의 모든 순간이 생동감이 있기를 원했다. 그가 편안한 자리를 거부하고 세상을 떠돈 것도 안락함과 친숙함을 거부하고 생동감 있는 현실을 맞아들이기 위해서였다.

그는
"친숙한 것을 새로운 것으로 보이게 하는 것이
바로 창조적인 예술가의 힘이다." 라고 하면서

"예술가의 본모습은
이 세상에서 영원한 이방인이거나
다른 별에서 온 방문객일 것이다."
…라고 예술가를 정의했다.

• 피카소가 자전거 핸들과 안장으로 만든 〈황소 머리〉

습관화된 시선은 꽃을 꽃으로만 보고, 풍경을 풍경으로만 본다.
그러나 예술가들은 우리가 매일 보는 사물에서 신비함을 보고,
새로운 삶의 의미를 찾아낸다. 일찍이 피카소는 자전거 안장에서
황소의 머리를 보았고, 자전거 핸들에서 황소의 뿔을 보았다. 에
릭 호퍼 또한 세상을 새롭게 볼 줄 아는 사람이었다.

파블로 피카소 Picasso, Pablo
에스파냐 출신의 입체파 화가로 주로 프랑스에서 활동하였다. 초기 청
색시대를 거쳐 브라크와 함께 입체주의를 창시하여 현대 미술의 새로
운 영역을 개척했다는 평가를 받는다. 주요 작품으로는 〈아비뇽의 처
녀들〉과 벽화 〈게르니카〉가 있으며 한국 전쟁을 소재로 한 〈한국에서
의 학살〉, 〈전쟁과 평화〉를 남겼다.

그는

"행복을 찾는 일은 불행의 주된 원인 가운데 하나이다."라고도 말했다.

안락함을 확보하기 위해, 더 많은 물질을 얻기 위해 애쓰는 삶은 현재를 부단히 희생시키는 삶이 아니던가. 한 개라도 더 가지려는 소유의 욕망을 충족시키기 위해 아등바등하는 삶, 거기에 평안함은 없다. 물질에 대한 애착은 고통을 낳을 뿐이라는 사실을 에릭 호퍼는 열여덟 살이라는 어린 나이에 깨닫는다.

그는 로스앤젤레스에 도착하여 도서관 근처에 싸구려 방을 하나 얻는다. 한눈팔지 않고 독서를 즐기기 위해서였다. 그러나 돈이 떨어지고, 굶주린 지 사흘, 그는 길을 걷다 불현듯 어떤 깨달음을 얻고 몸과 마음이 가벼워짐을 느낀다.

"사람이 그토록 겁내는 배고픔이란 게 기껏 치통 정도의 감각에 지나지 않는다는 것, 주의를 다른 곳으로 돌리면 그 정도는 얼마든지 잊을 수 있다는 것."

소중한 깨달음이었다.

그는 말한다. "난 생계비를 벌기 위해 하는 일을 말하는 게 아니에요. 일이란 꼭 의미가 있어야 한다는 생각을 버려야 해요. 이 세상에는 모든 이들이 만족감을 느낄 수 있을 만큼 충분히 의미 있는 일이라는 건 있을 수 없어요. 의미 있는 생활은 배우는 생활입니다. 사람은 자신이 자부심을 가질 수 있는 기술을 습득하는 데 몰두해야 해요. 나는 기술 요법이 신앙 치료나 정신 의학보다 중요하다고 믿고 있어요. 기술을 습득하게 되면, 그 기술 자체는 쓸모없는 것이라고 할지라도 당신은 자부심을 느낄 수 있습니다."

그는 관념적으로만 삶을 살아간 것이 아니다. 혼자 독학하여 얻은 식물학과 화학 실력으로 캘리포니아 대학교 감귤 연구소 소장이 쩔쩔매던 감귤의 백화병 치유책을 간단하게 발견한다. 호퍼의 능력에 감탄한 소장이 같이 일해 보자고 제의하지만 그는 안락함을 보장해 주는 제안을 뿌리치고 길 위로 나선다. 편안함, 그것은 그가 추구하는 미덕이 아니었다.

어느 날, 그는 엄청난 사고 과정을 요구하는 문제에 부딪히게 된다. 그때 자신의 손이 사전을 찾는 모습을 본다. 그는 그 순간을 이렇게 회고했다.

"나는 그 같은 나의 행동이
힘든 생각을 회피하려는 수작임을 알아차렸다.

그런 경우 나는 진정한 사상가가 될 수 없었다.
그것은 받아들이기 싫은 불쾌한 발견이었다.
나는 그 책을 바람 속으로 던져 버렸다."

그는 쉬운 답과 결론을 구하지 않았다. 사전을 통해 손쉽게 답을 구하기보다는 스스로의 노력으로 답을 구해야 한다고 생각했다. 사전을 창밖으로 내던져 버린 것도 그 때문이었다.

호퍼의 사랑 이야기도 그가 얼마나 안락을 거부하고 자유의 삶을 살았던 사람인지를 말해준다.
호퍼의 연인은 헬렌이라는 여자였다. 헬렌은 호퍼를 비범한 사람으로 평가했다. 그러나 그런 평가가 호퍼는 달갑지가 않았다. 그는 당시를 이렇게 회고했다.

"별 의미가 없는 일이었다. 그녀는 나를 원더맨으로 만드는 것이 자신의 의무라고 작심하고 나섰다. 그러나 그건 순전히 미친 짓이었다. 그녀의 기대를 정당화하는 데 얼마 남지 않은 내 인생을 소비하는 것은 불행한 일이라는 생각이 들었다. 그녀와 함께 살면 나는 한순간의 평화도 갖지 못할 것이라는 생각이 들자 즉각 행동으로 옮겨야 했다. 나는 길로 돌아가기로 결심했다. 그녀와의 이별로부터 회복되는 데에는 몇 년이 걸렸다. 실제로 완전히 회복된 적은 없었다."

타인의 기대에 부응하려고만 하는 삶은 내 삶이 아니라는 것이 에릭 호퍼의 생각이었다. 연인이 기대하는 삶도 마찬가지였다. 많은 돈을 벌고도 여전히 불안해하는 사람에게 호퍼가 말한 대목을 음미해 보라.

"믿지 않으실 테지만,
제 미래는 당신보다 훨씬 안전합니다.
절대적 안전을 원한다면 부랑자 무리에 섞여
떠돌이 노동자로 생계를 유지하는 법을 배우세요."

삶의 밑바닥에 근접해 있는 삶은 바닥으로 추락해도 큰 충격이 없다. 삶의 밑바닥에서 높이 올라가는 삶, 우리는 그것을 안락한 삶이라고 말하지만 에릭 호퍼는 그것이야말로 불안한 삶이라고 말하고 있는 것이다.

에릭 호퍼

1902년   7월 25일 뉴욕 브롱크스에서 가구 제조공의 아들로 태어남.

1909년   갑자기 시력을 잃어 15세 때까지 실명 상태에 놓임.

1920년   생업을 위해 로스앤젤레스로 이주해 10년간 오렌지 행상, 웨이터 보조,
        야적장 인부 등 여러 가지 직업을 전전함.

1930년   자살을 시도했지만 미수에 그침. 이를 기회로 캘리포니아 각지를
        떠도는 생활을 함.

1941년   샌프란시스코에 정착하여 부두 노동자가 됨.

1951년   《The True Believer》를 출간.

1964년   캘리포니아 대학 버클리 캠퍼스에서 정치학을 강의함(1972년까지).

1967년   부두 노동자를 그만두고 집필에 전념함.

1983년   81세를 일기로 사망. 미국 대통령 자유 훈장 수상.

독학을 한 사람들

• 제본업자 밑에서 틈틈이 책을 읽으며 과학에 흥미를 가지게 된 패러데이는 독학으로 연
 구를 거듭해 전기 분해에 관한 '패러데이 법칙'을 발견했다.

• 켄터키의 변방에서 가난한 개척자의 아들로 태어나 초등 교육도 제대로 받지 못한 링컨
 은 독학으로 변호사가 됐고, 이어 쟁쟁한 정객들을 물리치고 미국의 16대 대통령이 됐다.

• 열두 살부터 신문팔이를 하던 에디슨은 청각 장애의 어려움 속에서도 기차 짐칸의 작은
 실험실에서 실험을 계속했다. 백열전구와 축음기, 영사기 등 1,000건이 넘는 특허는 고독
 한 공부의 결과였다.

• 프랑스의 철학자 가스통 바슐라르는 우체국 직원으로 일하다 독학으로 박사 학위를 받고
 교수가 됐다.

• 영국이 자랑하는 세계적인 작가 버지니아 울프는 자신이 창의력을 가지게 된 근본 이유
 를 아버지가 대학에 보내 주지 않는 바람에 집에서 독학을 했던 때문이라고 말한다. 폭넓
 게 문학 작품을 읽고 박물관과 전시실을 다니며 공부한 것이 작가의 밑거름이 됐다는 것
 이다.

03

'나'를
다른 '나'로 바꾼
이찬형

"분별과 시비에 빠져들지 않고
걸림이 없는 경지에 이르러
차별 없는 참사람을 만나면
그것이 바로 본래의 너다."

"내가 누구인지
말할 수 있는 자는 누구인가?"
Who is it that can tell me who I am?

셰익스피어의 《리어왕》 중 한 구절이다.
그리 어려운 말이 아닐 수도 있지만 곰곰 생각해 보면
난감한 질문이다.

'나'를 정의한다고 해 보자.
대체 나를 어떻게 정의해야 할까.
'나는 학생이다.'라고 말할 수 있겠지만
그것은 만족할 만한 정의는 아니다.
나는 기독교인일 수도 있고, 마포에 사는 주민일 수도 있고,
바닐라 아이스크림을 좋아하는 소비자일 수도 있고,
한 집안의 사랑스러운 자식일 수도 있다.

그 수많은 '나' 중에서
어떤 나를 진정한 나라고 말할 수 있을까.

'나'를 규정짓는다는 것은 생각만큼 쉽지 않다.

사람을 규정한다는 것이
쉬운 일이 아닌 이유는
무엇보다 사람들이
끊임없이 변화하기 때문이다.
빅토르 위고의 소설,
《레 미제라블》에 등장하는
'장 발장'을 보라.

그는 빵 한 조각을 훔쳐 19년간 감옥살이를 한다. 장 발장은 가석
방이 되어 감옥을 나와 자신의 이름을 바꾸고 공장 주인과 시장으
로서 새로운 삶을 살아간다. 전과자에서 바람직한 인간상으로 완
전 탈바꿈에 성공한 것이다. 물론 외형적인 모습만 바뀐 게 아니
다. 성품도 훌륭한 인간으로 바뀌었다.

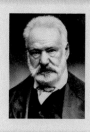

빅토르 위고 Hugo, Victor Marie
프랑스의 시인이자 극작가다. 낭만주의의 거장으로서 고전주의
를 배격하였다. 자유롭고 미려한 문체와 운율의 형식을 빌려 자
신만의 작품 세계를 이루었다. 1862년에 《레 미제라블》을 완성하
였고, 대표작으로는 《노트르담의 꼽추》가 있다. 프랑스에서는 국
민적인 대시인으로 추앙받는다.

레 미제라블

1862년에 간행된 프랑스의 대문호 빅토르 위고의 장편 소설. 청년 장 발장은 한 조각의 빵을 훔친 죄로 19년간의 감옥살이를 마치고 중년이 되어 출옥한다. 전과자라고 아무도 돌보지 않는 그에게 미리엘이라는 주교가 숙식을 제공한다. 하지만 장은 주교의 집에서 은식기를 훔쳐 도망가다가 체포되고 만다. 이때 미리엘 주교는 자신이 준 것이라고 증언하여 그를 구해 주며 올바르게 살 것을 당부한다. 여기서 장은 비로소 사랑에 눈을 뜨게 되어 이름을 바꾼 뒤 사업을 하여 재산을 모으고 시장으로까지 출세한다. 그러나 경감 자베르만은 포기하지 않고 끈질기게 그의 뒤를 쫓아다닌다. 때마침 어떤 사나이가 장 발장으로 오인을 받아 체포되었을 때, 장은 스스로 나서서 그 사나이를 구해 주고 감옥에 들어가지만 곧 탈옥한다. 탈옥 후 예전에 자기가 도와주었던 여공의 딸 코제트가 불행한 생활에 빠져 있는 것을 구출하여 사람들의 눈을 피해 수도원에 숨겨 준다. 코제트는 그때 공화주의자인 마리우스와 사랑에 빠진다. 장은 1832년 공화주의자들의 폭동으로 부상을 당한 마리우스를 구출하여 코제트와 결혼하도록 주선한다. 장 발장의 신분을 알게 된 마리우스는 그를 멀리하지만 자신의 잘못을 깨닫고 다시 그에게로 돌아온다. 장 발장은 코제트 부부가 임종을 지켜보는 가운데 조용히 숨을 거둔다. 인도주의적인 세계관으로 일관된 파란만장한 서사시적 작품으로 낭만주의 문학의 대표작이다.

가톨릭의 성자 프란치스의 경우는 어떤가.

이탈리아의 아시시에서 부유한 옷 장수의 아들로 태어난 프란체스코 베르나르도네는 부자답게 돈을 마음대로 쓰며 방탕한 생활을 한다. 그는 군에 입대했다가 전쟁 중에 포로로 잡힌 후 약 1년 뒤 풀려 나온다.

그 후 병을 앓는 동안 깨달은 바가 있어 그는 삶을 바꾼다. 철저한 무소유의 삶을 살기 시작한다. 가난한 자에게 베푸는 삶을 실천한다. 호화로운 생활을 하던 사람이 엄격한 금욕 생활을 하는 것을 보고 사람들은 의아하게 여긴다. 그의 아버지도 자식을 못마땅하게 여겨 집에서 쫓아낸다.

그가 스물일곱 살이던 1209년, 프란시스는 포티운쿨라라는 작은 교회에서 기도를 하고 있었다. 그때 그리스도가 그의 사도들에게 가르친 '병든 자를 고치고, 죽은 자를 살리며, 문둥이를 깨끗하게 하며, 너희 전대에 금이나 은이나 동을 가지지 말며, 여행을 위하여 주머니나 두 벌 옷이나 신이나 지팡이를 가지지 말라.'는 마태복음의 말씀을 듣게 된다. 그는 이 말을 자신을 깨우치는 가르침으로 받아들였고 그 가르침대로 신발과 지갑과 지팡이를 모두 던져 버렸다. 이후로 그는 타인을 위한 무소유의 삶을 철저하게 실천한다. 그가 바로 성 프란치스이다.

알이 올챙이로,
올챙이가 개구리로 성장하듯

인간도 끊임없이 변화한다.

육체만 변화하는 것이 아니라 정신도 변화한다. 그뿐 아니라 능력도 변화한다. 덧셈을 겨우 하던 아이가 수학자로 성장하기도 하고, 기역, 니은을 배우던 아이가 소설가로 성장하기도 하는 법이다.

학교 다닐 때 '찌질이'였던 소년 에디슨이
발명왕으로 거듭나는 것을 보면
열등생이라고 해서 늘 그 생태에 머물러 있는 것은 아니다.

장 발장의 경우도 마찬가지다. 전과자라고 해서 항상 전과자로만 머물러 있지 않았다. 항상 변화할 수 있는 존재가 곧 인간이다.

하나의 도토리가 우람한 떡갈나무로 성장하듯이
지금 형편없이 초라한 인간도 위대한 인간으로
다시 태어날 가능성은 충분히 있다.

그러므로 타인에 대해서 "넌 어쩔 수 없어."라고 말하는 것은 아주 심한 말이라고 할 수 있다. "넌 어쩔 수 없어."라는 말은 결국 너는 나쁜 인간이고, 너의 나쁨은 변할 가능성이 없다는 이야기다. 애초부터 너는 틀려먹은 인간이라는 말이다.

아무리 나쁜 자식이라도
부모가 자식을 사랑하는 것은
착한 씨앗이 인간에게 있기 때문이다.
그래서 부모들은 자식에 대한 희망을 버리지 못한다.

왜?

내 자식은 착한 인간의 씨앗이기 때문이고,
훌륭한 인간의 떡잎이기 때문이다.
그러므로 우리는 한 사람을 섣불리 규정하면 안 된다.
우리가 규정한 그 사람이
또 다른 사람으로 변할 가능성이 있기 때문이다.
타인에 대한 섣부른 규정은
그를 미래로 나아가게 하지 못하고
그를 과거에 묶어 둘 가능성이 있다.

1925년 금강산 신계사에

한 엿장수가 중이 되기 위해 찾아왔다.

그는 평안도 양덕에서 태어나 평양 고등 보통학교를 거쳐 일본 와
세다 대학교 법학부를 졸업하고 조선인 최초로 일제의 판사가 된
이찬형이었다. 판사로서 출세 가도를 달리며 삼남매까지 둔 그였다.

그런 그가 왜 중이 되려고 했던 것일까?

1919년 3·1 만세 운동이 일어났다.
수많은 동포가 조국의 독립을 위해 몸을 던졌다.

하지만…

　판사 이찬형은…

　　동포들을 처단하는 심판자의 위치에 서서

독립투사에게 사형을 선고해야만 했다.

이 사건으로 이찬형은
깊이 고뇌하고 방황한다.
양심의 가책을 이기지 못했던 것이다.

그는 아내에게 출장을 간다고 둘러대고 집을 뛰쳐나갔다.
판사직도 던져 버렸다.
가족도 버렸다.
그는 엿판을 등에 메고 길을 헤맸다.

그렇게 참담한 심정으로 3년을 떠돌았다.

이 3년의 세월이 이찬형을
새로운 사람으로 거듭나게 한
방황의 시간이었다.

그는 자신의 과오를 깊이 뉘우치고
새로운 사람이 되기 위해 신계사를 찾았다.
그의 나이 서른여덟 살 되던 해였다.

늦은 나이에 머리를 깎은 이찬형은 이후 무섭게 정진했다.
엉덩이의 살이 헐고 진물이 나 방석과 들러붙을 정도였다.

새로운 사람으로 거듭나고,
진리를 깨우치기 위해서는
죽음마저도 불사하겠다는
용맹한 정신으로
그는 한 치도 물러서지 않았다.

그 매서운 정신의 소유자가 바로

후대 조계종의 초대 종정이 된 효봉 스님이다.

판사에서 엿장수로,
엿장수에서 스님으로…

이찬형의 삶은 그야말로 역동적이었다.

이찬형처럼 자신의 삶을 바꿔 갈 수 있는 힘,
바로 이것이 젊음이다.
나이가 들면 육체의 힘이 달리고, 총기가 약해져서
변화하기가 쉽지 않다.

그러나 젊음은 가능성이 풍부한 나이다.

의지와 뜻만 있다면 얼마든 자신의 삶을 자신의 생각대로 디자인
할 수 있는 나이다. 과거는 문제되지 않는다. 새로운 삶을 끌어안
음으로써 얼마든지 과거와 작별할 수 있다.

판사로서 사는 것은 품위 있는 삶이다. 돈도 있고 명예도 있고 권
력도 있다.

그러나 이찬형은 판사로서의 삶이 가짜라고 생각했다.

일제 강점기 판사로서의 삶은 민족을 배반하는 삶이었을지도 모른다. 그 가짜의 삶과 자신의 과오를 뉘우치고 이찬형은 고민했을 것이다.

어떻게 사는 삶이 진짜의 삶일까?

변화는 바로 그런 고민 없이는 만들어지지 않는다.

한 알의 도토리가 우람한 떡갈나무로 성장하려면 수많은 시련을 이겨 내야 하는 것과 같은 이치다.

그는 안락한 판사로서의 삶을 던져 버렸다. 그리고 과거의 삶에서 자신의 몸을 빼낸다. 마치 장 발장이 전과자의 신분에서 새로운 인간으로 태어나듯이.

지금의 내가 나의 전부는 아니다.

나는 얼마든지 다른 나로 변화될 가능성이 있다.

그 변화의 가능성을 이제 희망이라고 부르자.

不落二邊去到無着脚處
會逢無位人定是本來汝

曹溪後學 曉峰

"분별과 시비에 빠져들지 않고 걸림이 없는 경지에 이르러
차별 없는 참사람을 만나면 그것이 바로 본래의 너다."

효봉 스님 속명 이찬형

1888년 평안남도 양덕에서 출생.
1914년 평양 복심 법원에서 한국인 최초의 판사로 활동.
1923년 사형 선고 후 방랑 생활 시작.
1925년 금강산 신계사에서 석두 스님을 은사로 출가.
1931년 금강산 법기암 토굴에서 깨달음.
1937년 조계산 송광사 삼일암 선원 조실.
1946년 가야산 해인사 가야 총림 초대 방장.
1958년 조계종 제3 대 종정.
1962년 대한 불교 조계종 초대 종정.
1966년 밀양 표충사 서래각에서 입적.

04
생태계의 진실을
일깨워 준
레이철 카슨

"누구의 책임인가?"

생태계의 수많은 생명들은
서로 도움을 주면서 살아간다.

서로 도움을 주는
생명들의 관계를 흔히 '그물'로 비유한다.
그물코 하나하나는 결코 홀로 존재하지 않는다.
하나의 그물코는 다른 그물코에 의존해 있다.
만약 하나의 그물코가 풀리면
다른 그물코도 온전할 수 없다.
생명의 그물망은
하나하나의 그물코가
유기적으로 연관되어 있는 거대한 체계다.

극피동물인 해삼은 아가미로 숨을 쉬는 물고기와 달리 항문 쪽에 있는 호흡수라는 기관으로 숨을 쉰다. 그런데 해삼의 항문으로는 숨이고기가 드나든다. 숨이고기는 몸집이 가늘고 길쭉해서 해삼의 내장 속에 숨기에 적합하다. 숨이고기가 해삼의 항문을 들락날락하게 되면 해삼의 항문이 깨끗하게 청소된다. 누이 좋고 매부 좋고, 해삼은 숨이고기에게 보금자리를 제공하고, 숨이고기는 해삼의 항문을 청소해 주는 셈이다. 숨이고기와 해삼은 '따로따로'의 삶이 아니라 '모두 함께'의 삶을 살아간다고 할 수 있다.

이본 배스킨의 《아름다운 생명의 그물》이란 책은 지구 상의 수많은 생물들이 어떻게 '모두 함께'의 삶을 살아가고 있는지를 잘 보여 준다.

로키 산맥에 서식하는 나무제비는
딱따구리가 파 놓은 가문비나무의 구멍에 둥지를 틀고,
딱따구리는 뚫린 구멍에서 흘러나오는 단물을 핥아 먹는다.

그런데 딱따구리가 구멍을 팔 수 있으려면
곰팡이가 슬어 나무가 썩거나 부드러워져야 한다.
곰팡이의 도움이 필요한 것이다.

또한 말벌, 나비, 휘파람새, 다람쥐 등도
딱따구리 우물에서 수액을 훔쳐 먹는다.
그러나 공짜로 먹는 것은 아니다.

휘파람새, 벌새, 말벌 등은 가문비나무를 위해 해충을
잡아먹는다.
가문비나무, 딱따구리, 곰팡이, 말벌, 나비 등이
마치
한 가족처럼 하나의 그물망을 이루는 셈이다.

생태계의 생명들은
'따로따로'의 삶이 아니라
'모두 함께'의 삶을 살아간다는
소중한 진리를 말해 준 과학자는
《침묵의 봄》이란 책을 쓴, 레이철 카슨이다.

1907년 미국 펜실베이니아 주의 스프링데일에서 태어난 카슨은 고등학교를 수석으로 졸업하고, 영문학을 전공하기 위해 펜실베이니아 여대에 진학했다. 과학 필수 과목인 생물학을 듣던 중, 메리 스콧 스킨커 교수의 영향을 받아 전공을 생물학으로 바꾸게 된다.

1929년 대학을 수석으로 졸업한 카슨은
우즈 홀 해양 생물 연구소의 장학생이 된다.
그녀는 대학 졸업 후 고향으로 돌아갔을 때

전력 회사로 인해 과수원과 농장이 황폐화되는 것을 보고 큰 충격을 받는다.

그해 그녀는 존스홉킨스 대학에 입학하여
1932년 생물학 석사 학위를 받는다.
카슨은 계속 공부하고자 박사 과정에 입학했으나,
가난 때문에 1934년 학업을 중단하고 만다.

학업을 그만둔 카슨은 해양 생물에 관한 라디오 프로그램 원고를 쓰게 되었는데 이 일을 계기로 1935년부터 1952년까지 수산국 공무원으로 일한다. 카슨은 수산국의 홍보실에서 과학 기사들을 편집하고, 자연 보존과 자연 자원에 관한 책자를 만들었다.

1957년 카슨에게 한 장의 편지가 날아든다.

"모기 박멸 프로그램에 사용한

DDT 때문에

새와 곤충이 죽어 간다."

친구의 애절한 전갈이었다.

카슨의 친구는

살충제 살포 이후 새들이 노래하길 멈추었다며,

이를 조사해 달라고 부탁한다.

새와 곤충이 죽어 간다는 말을 듣고

그녀는 모든 일을 제쳐 놓고

《침묵의 봄》이라는 책을 쓰는 데 매달린다.

카슨은 약 4년에 걸쳐 자료를 조사한 후 책으로 묶었다. 바로 이 책이 환경 분야의 위대한 고전으로 평가받는 《침묵의 봄》이다.

느릅나무를 죽이는

곤충을 박멸할 목적으로 뿌려진 DDT는

그 곤충을 잡아먹는 종달새와 참새와 제비들을

거의 전멸시켰다.

그러나 …

느릅나무 해충은

오히려 DDT에 강력한 적응력을

지닌 종으로 다시 나타난다.

더 강력해진 해충을 박멸하기 위해
더 많은 살충제가 뿌려진다.

소나무 벌레를 없애기 위해 미라미치 강가에 뿌려진 약제는 플랑
크톤과 수중 곤충을 박멸시키고 이들을 먹고 사는 송어와 연어 또
한 멸종시켰다. 곤충의 죽음은 곤충을 먹이로 하는 새들의 죽음을
야기하고, 송어와 연어의 죽음은 그것을 먹고 사는 야생 동물의
죽음을 가져온다. 결국 미라미치 강은 죽음의 강이 되었다.

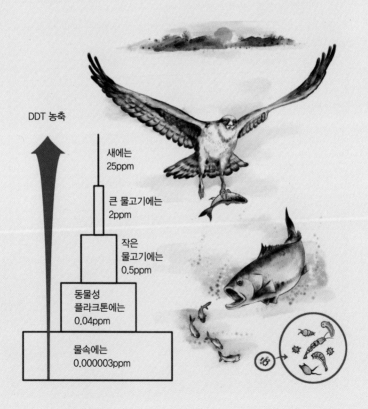

DDT 농축

새에는
25ppm

큰 물고기에는
2ppm

작은
물고기에는
0.5ppm

동물성
플라크톤에는
0.04ppm

물속에는
0.000003ppm

카슨은 농업용 화학 약품이 토양과 지표수, 농작물에 스며들면 먹이 사슬을 거쳐 새와 물고기를 멸종시키고, 사람을 암과 신경계 질환에 걸리게 하며, 해충의 천적까지 죽일 뿐만 아니라, 해충에게 살충제에 대한 내성을 길러 준다고 논증했다. 인간 자신만을 위해 뿌려진 살충제가 봄이 와도 새 하나 울지 않는

'침묵하는 봄'을

야기할 수 있다는 것이 카슨의 경고다.

DDT
유기 염소 계열의 화합물로 신경계에 이상을 일으키는 물질. 곤충의 신경 세포에 작용하는 강력한 살충제로 1940년대부터 모기 퇴치에 널리 쓰였다. 하지만 생물 개체에 축적되어 잔류 독성을 나타낸다는 사실이 《침묵의 봄》을 통해 알려지면서 사용이 금지되었다.

카슨은
생명이 홀로 존재할 수 없다고 생각한다.

모기와 같은 해충은 새와 연관되어 있고, 새는 숲과 연관이 되어 있으며, 물고기는 물과, 그 물고기들은 물고기를 주식으로 하는 야생 동물들과 연관되어 있다. 이처럼 생명들이 긴밀하게 연관되어 있다면 인간과 해충은 독립적으로 존재하지 않는다.

모든 생명체가 서로 연관되어 살아가고 있다.
그런데 인간은
자신에게 해롭다는 이유로
모기와 같은 특정한 생물을 박멸하려 든다.
그러나 모기가 사라지면
새들도 사라진다는 것이 생태계의 진리다.

왜? 생명은 홀로 존재할 수 없기 때문이다.

그러나 사람들은
어리석게도 눈앞의 이익에 급급하여
생태계의 진실을 보지 못한다.
레이철 카슨은 바로 그런 인간의 어리석음을 지적한다.

"돼지풀을 제거한다는 명목으로 도로변에 수천 갤런의 화학 약품을 살포했다. 하지만 무차별적 살포로 인해 돼지풀이 오히려 증가하는 불행한 일이 일어났다.
돼지풀은 일년생 풀이다. 매년 이 풀이 다시 종자를 퍼뜨리려면 아무것도 자라지 않는 토양이 필요하다. 그러므로 돼지풀을 없애려면 관목이나 양치류, 다른 다년생 식물을 빽빽이 심는 것이 최선의 방책이다.
자주 제초제를 뿌리면 이런 보호 역할을 하는 식물 역시 죽어 버리고, 그러다 보면 아무것도 나지 않는 넓은 땅을 돼지풀이 재빨리 차지한다."

풀과
　수목과
　　벌레와
　　　강과
　　　　연어가
서로 얽히고설켜 있는 **생명의 그물**이 곧 생태계다.

카슨은
합성 화학 살충제 산업이 성장하게 된 것은

제2 차 세계 대전 때문이라고 **고발한다.**

66

화학전에서 사용할 약제를 개발하는 과정에서, 몇 종류의 물질은 곤충에 치명적인 것으로 드러났다. 이런 발견은 우연하게 이루어진 것이 아니었다. 인간에게 죽음을 불러올 약제를 테스트하는 데 곤충류를 주로 사용했기 때문이다.

99

애초에 살충제는
인간을 죽이려는
목적에서 만들어진 화학 무기였다는 말이다.

살충제는
유해 물질로부터 신체를 보호해 주는 효소를 파괴하고
에너지를 얻는 산화 과정을 방해하며
각종 기관의 정상적인 기능을 억제해 불치병을 일으킨다고
카슨은 지적한다.

이런 살충제가 벌레들만 죽일 거라는 생각은 인간의 거대한
착각이었다. 살충제는 벌레뿐만 아니라 벌레를 먹는, 포식자인
새들의 생명까지도 위협한 것이다.

《침묵의 봄》은
환경을 망치는 자들에 대한 분노를 담은 책
이라고 말할 수 있다.

카슨은 책을 통해서 진보라는 이름으로 우리가 생태계에 어떤 폭력을 가했는지 고발한다. 또 진실을 밝혀야 할 과학자가 기업의 이익을 위해 어떤 비리를 저지르고 있는지도 고발한다.

"과학 단체가 무언가 이야기할 때,
우리가 듣는 것은 진정한 과학의 소리인가,
아니면 기업체의 이익을 대변하는 소리인가?
선택성 살충제*를 사용하면
유기 물질을 분해하는 데 필수적인 익충은 죽이지 않고
농작물을 해치는 토양 속 유충만 죽인다고
주장했던 이는 누군가?

과학자다.
그러나 토양에 침투한 살충제에 지렁이들이 죽고,
그것을 먹고 새들과 오소리가 떼죽음을 당하고,
그것이 강물로 흘러 플랑크톤을 죽이고,
플랑크톤을 먹이로 하는 연어마저 떼죽음을 당한다면
그것은 누구의 책임인가?"

그녀는 준엄하게 묻고 따졌다.

---

* 우리가 제거하기를 바라는 해충에게만 선택적으로 작용하는 살충제

언론은 그녀를
'자신이 저주하는 살충제보다 더 독한 여자'라고 비방했고,
화학 업계로부터도 엄청난 압력에 시달려야 했다.

하지만 레이철 카슨의 발언을 계기로
케네디 대통령은 1963년 환경 문제를 다룰
자문 위원회를 구성했고,
곧이어 지구의 날(4월22일)이 제정됐다.

암 연구소는 DDT가
암을 유발할 수 있다는 증거를 발표했고,
미국의 각 주는 DDT 사용을 금지하기 시작했다.

타임지는 그녀를
20세기를 변화시킨 100인
가운데 한 사람으로 뽑았다.

Those who dwell among the
beauties and mysteries
of the world are never alone.

Rachel Carson

———

세상의 신비와 아름다움 속에 사는
사람들은 결코 외롭지 않다.

———

레이철 카슨

The State of Maryland

Proclamation

From the Governor of the State of Maryland

RACHEL CARSON DAY
MAY 27, 2007

WHEREAS,   May 27, 2007 is the 100th anniversary of the birth of Rachel Carson; and

WHEREAS,   Rachel Carson was a leader in many fields – renowned biologist, author and ecologist. Her book, Silent Spring, is credited with starting the modern environmental movement and she is known as the mother of contemporary environmental movement; and

WHEREAS,   The scope and impact of Rachel Carson's lifetime of work touches our entire nation; and

WHEREAS,   Maryland is pleased to join in observing a special day to honor the centennial of Rachel Carson's birth and celebrate the importance of the contributions of this extraordinary woman.

NOW, THEREFORE, I, MARTIN O'MALLEY, GOVERNOR OF THE STATE OF MARYLAND, do hereby proclaim MAY 27, 2007 as RACHEL CARSON DAY in Maryland.

Given Under My Hand and the Great Seal of the State of Maryland,
this **27th** day of **May**
Two Thousand and seven

Governor

Lt. Governor

Secretary of State

메릴랜드 주의 성명서
2007년 5월 27일 레이철 카슨의 탄생 100주년을 맞아
그녀의 업적을 기리기 위해 이날을 '레이철 카슨'의 날로 정한다.

레이철 카슨

1907년	미국 펜실베이니아 주 스프링데일 출생.
1925년	펜실베이니아 여자 대학교에서 생물학을 전공.
1929년	우즈 홀 해양 생물 연구소의 하계 장학생으로 존스홉킨스 대학교에 입학.
1932년	존스홉킨스 대학교에서 동물학 석사 학위 수여.
1936년	어류 야생 생물청에서 근무.
1941년	해양 자연사를 다룬 《해풍 아래Under the Sea-Wind》라는 책을 출판.
1951년	해양 자연사에 관한 두 번째 책 《우리를 둘러싼 바다The Sea Around Us》를 출판.
1955년	북아메리카 해변의 자연사를 다룬 《바닷가The Edge of the Sea》를 출판.
1962년	6월 일간지에서 살충제의 문제를 다룬 기사 연재.
	9월 《침묵의 봄Silent Spring》 출판.
1964년	유방암을 앓던 중 메릴랜드 주 실버 스프링 자택에서 56세의 나이로 별세.
1980년	미국 정부로부터 자유 훈장 Presidential Medal of Freedom을 받음.

침묵의 봄

《침묵의 봄》은 환경 운동의 계기가 된 책이다. 무분별한 살충제 사용으로 파괴되는 야생 생물계의 모습을 적나라하게 공개하여 화학 물질의 유해성에 경종을 울렸다. 이 책으로 1963년 미국의 케네디 대통령은 환경 문제를 다룬 자문 위원회를 구성하게 되었고, 1969년 미국 의회는 DDT가 암을 유발할 수도 있다는 증거를 발표하였다. 이를 통해 1972년 미국 EPA(환경부)는 DDT의 사용을 금지하게 되었다. 그러나 불행히도 인류는 아직 무분별한 개발과 안일한 환경 의식에서 벗어나지 못하고 있다. 이 책이 우리에게 던지는 경고는 아직도 유효한 셈이다.

05
내 손으로
내 나라를 찾겠다던
장준하

"내 영혼 저 노을처럼 번지리,
겨레의 가슴마다 핏빛으로.
내 영혼 영원히 헤엄치리,
조국의 역사 속에 핏빛으로."

1945년 8월 15일은 우리나라가 일본의 압제로부터 해방을 맞은 감격스러운 날이다. 그러나 이날 눈물을 삼켜야 했던 이가 있다. 나라를 되찾기 위해 싸운 독립 운동가요, 펜을 가지고 독재 세력에 항거했던 양심적인 언론인이자, 정치가였던 장준하가 바로 그다.

대체 왜 그는
민족이 압제의 사슬로부터 해방되던 날
눈물을 삼켜야 했을까.

1945년 8월 20일, 50명의 광복군 대원들이 조국 땅으로 들어가게 되어 있었다. 대원들은 조를 나누어 비행기와 잠수함으로 서해안에 상륙할 계획이었다.

• 1945년 8월 19일 산둥 성의 한 비행장. 왼쪽에서부터 네 번째가 장준하

장준하도 그 가운데 한 사람으로 그는 서울 지역의 정보 수집을 맡고 있었다. 출동하라는 명령이 떨어지기만을 기대하며 하루 종일 총과 장비를 손질하고 있던 어느 날 모든 대원들에게 즉시 연병장으로 모이라는 명령이 내려졌다.

"드디어 조국을 내 손으로
          구할 수 있는 날이 왔구나."

기대감으로 장준하는 총을 불끈 쥐었다.

• 1945년 8월, 광복군 시절의 장준하

연병장에 모인 대원들에게
광복군 대장 이범석 장군은 조국의 광복을 알렸다.
모두들 얼싸안고 기뻐했다.
그러나 장준하의 가슴에는 알 수 없는 **슬픔**이 차올랐다.
내 스스로의 힘으로 내 나라를 구할 수 있을 거란
희망이 사라져 버렸기 때문이다.

장준하는 1918년 8월 27일 삭주 땅에서 아버지 장석인 씨와 어머니 김경문 여사 사이에서 1남 1녀 중 맏아들로 태어났다. 그가 태어난 다릿골은 압록강의 바람결과 물살이 유난히 세차고, 사방으로는 거문산과 천마산 줄기가 잇닿아 있는 곳이었다. 집안이 넉넉하지 못했던 장준하는 국민학교(오늘날의 초등학교)에도 다니지 못하여 낮에는 밭에 나가 어른들 사이에서 농사일을 거들었다.

열세 살 되던 해, 아버지는 준하를 삭주의 대관 국민학교에 5학년으로 입학을 시킨다. 그는 단 1년간의 노력으로 수석 졸업을 차지하고 평양 숭실 학교에 입학한다. 그러나 아버지의 뜻에 따라 곧 신성 중학교로 전학하는데 이 학교에 재학 중 일본식 교육을 반대하여 동맹 휴학을 결행하다가 여러 차례 징계를 받기도 한다.

중학교를 졸업하고 장준하는 약 3년간 초등학교에서 교사로 일하다가 유학을 간다. 1940년 일본으로 건너가 동양 대학 철학과 예과를 거쳐 1941년 일본 신학교에 입학했다.

1944년 1월 장준하는 일본어 성경과 독일어 사전 등 책 네 권을 들고 학생모 차림으로 일본군 학병에 끌려갔다. 평양의 제42부대에서 학병 훈련을 받으면서 그는 중국으로 가는 선발대에 들어가겠다고 굳은 결심을 한다.

장준하는 마음속으로
중국으로 가는 선발대에 들어가기만 하면
기필코 부대를 탈출해서
대한민국 임시 정부를 찾아가겠다는
결의를 다지고 있었다.

중국 쉬저우에서 장준하는 '쓰카다 부대'의 일원이 되었다.
쓰카다 부대는 탈출한 학병이 한 명도 없을 만큼
감시가 삼엄하기로 유명한 곳이었다.
일본군 장교는 조선인 학병들을 시도 때도 없이 위협하곤 했다.
만일 한 명이라도 탈출하면 탈출자는 사형이고
나머지 조선인 학병에게도 무서운 보복이 가해진다는 것이었다.
장준하는 조선인 학병들에게 탈출 의향이 있는지를 물었다.
그러나 모두들 두려운 나머지 고개를 저었다.
그들 중에는 내심 탈출을 원하면서도 실패가 두려워
감히 실행에 옮기지 못하는 사람도 있었다.
그들 중에는 일본군 장교가 된다는
기대에 부풀어 있는 사람도 있었다.
장준하는 민족적인 모멸감을 느껴야 했다.

어떤 조선인들은 일본군이 남긴 음식을 던져 주면
굶주린 개처럼 몰려가기도 했다.
그런 모습을 보며
장준하의 가슴에서는 뜨거운 피가 솟구쳤다.
보다 못한 장준하는 몇몇 동료들에게 말하여
'잔반 불식 동맹'이라는 것을 만들었다.

굶어 죽을지라도
민족의 자존심만은 지키자고 장준하는 호소했다.

장준하는 부대 내에서 탈출의 뜻을 같이하는 세 명의 동조자를 만
날 수 있었다. 김영록, 윤경빈, 홍석훈이 그들이다. 마침내 그들은
일본군이 중국을 침략한 기념일을 탈출의 기회로 삼는다. 이날 장
준하는 고국에 있는 아내에게 편지를 쓴다.

"앞이 보이지 않는 대륙에
발을 옮기며
내가 벨 돌베개를 찾고 있소."

'돌베개'는 《구약 성경》의 '창세기'에서 따온 말이다. 부대를 탈출
한 뒤에 드넓은 중국 대륙을 가로지르고 찬 서리와 이슬을 맞으
며 돌을 베고 자야 할 수밖에 없는 자신의 처지를 암시하는 구절
이다.

대륙의 햇볕은 가혹했고 갈증은 지독했다. 바람은 한 줄기도 없었다. 그들은 갈증을 해소하기 위해 수수밭에서 수숫대를 가져다 씹었다. 그들은 옷을 모두 벗고 그늘이 있는 축축한 흙에 자신의 알몸을 비벼대기도 했다.

고난의 연속이었다.

밤낮으로 걷고 또 걸었다.

그들은 김준엽을 만나 중국 중앙 군관 학교 임천 분교의 한국광복군 간부 훈련반에 들어간다. 훈련반을 졸업한 장준하는 중국군 준위 계급을 받는다.

그러나 조국이 주는 계급장이 아니었기에 반갑지 않았다.

중앙 군관 학교는 장준하의 목표가 아니었다.

그의 목적지는 대한민국 임시 정부였다.

장준하는 일행을 이끌고 임시 정부로 향한다. 배고픔과 추위가 그들을 가로막았다. 옴이라는 피부병 때문에 온몸이 우툴두툴해지고 진물이 나오면서 가려웠다. 옷을 털면 죽은 이들이 시커멓게 떨어졌다. 천신만고 끝에 그들은 제비도 넘지 못한다는 파촉령巴蜀嶺을 넘어 꿈에 그리던 임시 정부에 도착했다.

그러나 장준하에게 임시 정부의 모습은 실망, 그 자체였다. 낡은 건물도 초라했지만 수많은 정파로 사분오열되어 있었다. 장준하는 깊은 실망에 빠졌다.

임시 정부에서 장준하를 비롯한 청년들이
처참한 심정으로 시간을 보내고 있던 중
한 사내가 찾아온다. 키와 골격이 장대한 군복 차림의 인물이었다.

그는 자신을 광복군 참모장 겸 제2 지대장 이범석이라고
소개하면서 이렇게 말했다.

"지금 서안에서 광복군은 미군과 협조하여
국내 침투 작전을 준비하고 있습니다."

내 힘으로 내 나라를 되찾을 수 있다니,
청년들은 귀가 번쩍 뜨였다.

광복군다운 광복군이 되기 위해
서안으로 떠날 것을 결심한 장준하는
김구 주석에게 이 사실을 알린다.
이때 김구 주석은 눈물을 흘리며
두루마기 안주머니에서 회중시계를 꺼내더니 높이 쳐든다.

이범석 1900~1972
일제 강점기 때 활동한 독립 운동가이자 정치가이다. 1915년 중국으
로 망명하였다가 1919년 만주 청산리 대첩 때 김좌진 장군을 도왔다.
정부 수립 후 초대 국무총리와 국방 장관을 겸임하였다.

"4월 29일은 내가 윤봉길 군을 죽을 곳에 보냈던 날이오.
시간이 이른 아침이었소.
여러분도 다 알 것이오.
상하이 홍커우 공원에서 일본군 침략 원흉들에게
폭탄을 던지고 순국한 윤 의사 말이오.
그는 낡은 내 시계를 차고 대신 새로 산
이 시계를 내게 주었소.
나는 지하에서 만나자고 작별 인사를 하였소.
나는 지금 여러분의 눈망울에서
윤 의사의 눈동자를 보고 있소이다.
이것은 결코 우연이 아닌 모양이오.
아마도 하늘의 뜻인가 하오."

임시 정부를 떠난 그들은 미군의 OSS(Office of Strategic Services)
대원이 되기 위한 훈련에 돌입했다. OSS는 미군의 전략 첩보대이
자 일본 본토 상륙 작전에 대비한 예비 특공 부대라고 할 수 있다.
해외에서 정보 활동과 유격 활동을 병행하며 적의 후방을 교란시
키는 것이 주 역할이었다. 그들은 낙하법, 폭파술, 은폐술, 그리고
암벽 등반술 등을 배우고 익혔다.

국내로의 잠입 명령을 기다리던 무렵, 장준하는 1944년 7월 7일
부터 8월 3일경까지 써 온 일기장 일곱 권과 손으로 써서 만든 필
사본 잡지, 그리고 유서를 인편에 맡겨 고국으로 보낸다.

"내 영혼 저 노을처럼 번지리,
겨레의 가슴마다 핏빛으로.
내 영혼 영원히 헤엄치리,
조국의 역사 속에 핏빛으로."

그러나 장준하의 국내 잠입 공작은 허망하게 물거품이 되고 만다.
1945년 8월 15일 일본이 연합국에 무조건 항복을 선언했기 때문
이다. 이후 독립 운동가에서 독재 세력과 맞서 싸우는 언론인, 비
뚤어진 현실을 바로잡는 정치인으로, 장준하는 새롭게 태어난다.
그가 만든 잡지 〈사상계〉는 6·25 전쟁의 황폐하고 절망적이던 정
신 풍토에 새로운 양분을 제공했다.

사상계
〈사상思想〉이란 잡지를 장준하 선생이 1953년 4월 인수하여
〈사상계思想界〉로 제호를 바꿔 냈다. 정치, 경제뿐만 아니라 문
화 전반에 걸쳐 깊은 사유와 철학을 제공하여 당시 지식층의
폭발적인 인기를 얻었다. 그러나 시대를 비판하는 정치 평론을
다수 게재하면서 제3 공화국 정권으로부터 탄압을 받기 시작
했다. 그 후 1970년 김지하의 '오적五賊'
을 실었다가 강제 폐간되었다.
'오적'은 당시 부정부패로 물든 권력층
을 을미늑약 때의 '오적'에 비유하여 꼬집은 담시 형태의 풍자시이
다. 이 사건으로 작가와 편집인 등이 국가 보안법 위반이란 죄목으
로 구속되는 일이 벌어지기도 했다.

1960년 3·15 부정 선거를 규탄해 일어난

'마산 의거'를 보고 〈사상계〉는 권두언의 제목을

"민권 전선의 용사들이여, 편히 쉬시라."라고

비장하게 내걸기도 했다.

〈사상계〉는 5·16 쿠데타 세력과도 첨예하게 대립했다. 함석헌은 '5·16을 어떻게 볼까?'라는 제목의 글에서 쿠데타를 주동한 군인을 질타했다.

"4·19는 대낮에 했고 5·16은 밤중에 몰래 했다.
혁명은 민중이 하는 것이지 군인이 하는 것이 아니다.
5·16은 잘못된 불장난이니
군은 어서 제자리로 돌아가야 한다."

1972년 7월 4일, '7·4 남북 공동 성명'이
발표되자 장준하는 적극 지지했다.
그해 9월호 〈씨 올 의 소리〉에서 장준하는 이렇게 선언했다.

"모든 통일은 좋은가?
그렇다. 통일 이상의 지상 명령은 없다.
통일은 갈라진 민족이 하나가 되는 것이다.
그것이 민족사의 전진이라면
당연히 모든 가치 있는 것들은
그 속에 실현될 것이다."

1972년 10월, 박정희는 비상계엄을 선포하고 유신 체제의 길로
들어선다. 그러나 독재 세력을 가만히 앉아서 볼 장준하가 아니었
다. 1973년 장준하는 '개헌 청원 백만 인 서명 운동'을 벌인다. 박
정희 대통령의 유신 체제에 맞선 최초의 조직적이고 평화적인 저
항 운동이었다.

7·4 남북 공동 성명
1972년, 당시 이후락 중앙 정보 부장이 평양을 방문하여 이끌
어 낸 남북 고위 정치 협상 결과 발표한 성명이다. 자주적 해
결, 평화적 방법으로 통일 실현, 민족적 대단결 도모, 중상·비
방·무력 도발·군사적 충돌 방지, 남북 적십자 회담 성사, 서울
과 평양 간의 직통 전화 가설, 남북 조절 위원회 구성 등의 내
용으로 되어 있다.

1974년 1월 8일 '대통령 긴급 조치 1호'를 발동한 박정희 정권은 장준하에게 긴급 조치 1호 위반 혐의로 징역 15년 형을 선고한다. 이후 장준하는 1974년 신병 악화로 형집행 정지 처분을 받고 나와 1975년 1월 8일 '박 대통령에게 보내는 공개서한'을 전격 발표했다.

여기에서 그는 다음처럼 강조한다.

"국난을 극복할 수 있는 길은
파괴된 민주 질서를
조속히 평화적으로
회복하는 데 있다."

• 1973년 12월 24일 서울 YMCA에서 개헌 청원 서명 운동을 발표하는 장준하

1975년 8월17일,

장준하는 약사봉 계곡 암벽 아래에서 숨진 채로 발견된다.
향년 57세.

목격자에 따르면 장준하는
두 손을 가슴에 나란히 얹고 편안한 자세로
자는 듯 누워 있었다고 한다.
등산모는 바위 중간쯤 나무 등걸에 걸려 있고
시계는 1시 40분을 가리킨 채 멈춰 있었으며
왼쪽 귀밑이 약간 찢어진 것 외에는 상처 하나
없었다고 한다.

의문의 죽음이 아닐 수 없다.

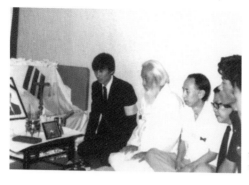

• 장준하의 빈소
하얀 수염을 기른 이가
함석헌이다.

장준하의 장례는 5일장으로 치러졌다.

함석헌은 울고 또 울었다.

그리고 이렇게 썼다.

"장준하가 죽었다! 죽었다!
이 한마디가 이 8월의 노염老炎의
무더운 공기마냥 부쳐도, 부쳐도
또 오고 또 와서 가슴을 누릅니다."

'장준하 선생 기념 사업회'에서는
매년 장준하가 학병에서 탈출한 쉬저우에서 충칭까지
6,000리의 길을 현장 체험하는 '장정' 행사를 벌이고 있다.

광복군과 미국의 OSS

광복군은 1945년 5월 미국 정보 기관인 OSS(Office of Strategic Services)와 협력하여, 한반도 진입을 위한 '독수리 작전'에 착수했다. 광복군과 OSS의 합작은 임시 정부가 연합국의 일원으로 일본전에 참여할 수 있는 기회였다.

OSS와의 합작 훈련은 2지대와 3지대에서 시행됐다. 그중 2지대의 훈련은 서안 근교의 두곡에서 있었다. 20여 명의 OSS 소속 미군 교관이 훈련을 이끌었다. 1기생 50명 중에는 일본군을 탈출한 한인 병사들도 포함됐다. 첩보 훈련반과 무전 교신반으로 나뉘었고, 훈련 과정은 예비 훈련과 정규 훈련으로 구분됐다.

8월 4일 1기생 훈련이 종료되자, 임시 정부와 OSS는 8월 20일 안으로 특공대를 조직하여 낙하산이나 잠수정 등을 통해 일제 치하의 서울로 침투한다는 계획을 수립했다. 한편 3지대의 경우 7월 7일 입황 부근의 미군 부대에 도착한 22명의 대원들이 3개월 예정으로 훈련에 착수했지만 기초 교육 과정이 진행되던 중 일제 패망을 맞이했다.

장준하

1918년   평안북도 의주군 고성면 연하동 출생.

1941년   일본 동양 대학 철학과 입학.

1944년   일본 신학교 재학 중 학도병으로 징집. 탈출하여 독립 운동에 가담.

1945년   임시 정부 김구 주석의 비서로 귀국.

1949년   한국 신학 대학 졸업.

1953년   〈사상계〉 창간, 민족·민주의 길을 밝히는 언론의 사명을 다함.

1962년   〈막사이사이상〉 언론 부문상 수상.

1966년   대통령 명예 훼손 혐의로 복역.

1967년   박정희 유신 정권의 탄압으로 〈사상계〉 폐간.

          제7 대 신민당 국회의원 당선.

1973년   개헌 청원 백만 인 서명 운동.

1974년   긴급 조치 제1 호 위반 15년 형 선고, 형 집행 정지 가석방.

1975년   8월 17일 유신 치하에서 민주화 운동을 벌이던 중 포천 약사봉 등산길에서
          원인 모를 사고로 절명.

1991년   건국 훈장 애국장.

1999년   금관 문화 훈장 추서.

06
견리사의見利思義의
이치를 실천한
유일한

"내가 가진 모든 재산은 모두
뜻 있는 교육과 사회사업에
쓰도록 하라!"

'계영배戒盈杯'라는 술잔이 있다.

말 그대로 해석하자면
'가득 참을 경계하는 술잔'이란 뜻이다.
다시 말하면 욕망을 조심하라는 의미다.

고대 중국에서 국가 행사에 사용하기 위해 만들었다는 이 잔은 제
작 방법이 철저히 비밀에 부쳐졌다고 한다. 계영배는 과음을 경계
하기 위해 70퍼센트 가량 차면 그 이상은 채워지지 않는다. 더 채
우고 싶어도 술이 술잔 밑으로 흘러 버리기 때문이다.

우리나라에서는 조선 시대 실학자 하백원과
도공 우명옥이 처음으로 계영배를 만들었다고 한다.
이후 이 잔을 거상巨商 임상옥이 소유하게 됐고,
그는 늘 계영배를 옆에 두고 자신의 욕망을 다스렸다고 한다.

소설《상도商道》는 최인호가 쓴 장편 역사 소설이다. 이 소설의 주
인공 임상옥은 죽기 직전에 자신의 전 재산을 모두 사회에 환원하
고 다음과 같은 유언을 남겼다.

재물은 평등하기가 물과 같고,
財上平如水
사람은 바르기가 저울과 같다.
人中直似衡

물과 같은 재물을 혼자 가지려는 재산가는
반드시 그 재물로 비극을 맞게 되고,
저울처럼 바르고 정직하지 못한 재산가는
반드시 그 재물로 파멸을 맞을 것이라는
교훈이 담긴 말이었다.

"내가 번 돈 내가 쓰겠다는데 누가 뭐래!"
이렇게 생각하는 사람들이 있는가 하면,

나로 하여금 돈을 벌게 해 준 사람들,
"그들을 위해 내가 번 돈이 쓰여야 해."
이렇게 생각하는 사람도 있다.

또 수단과 방법을 가리지 않고 돈만 벌면 최고라는 생각을 가진 사람이 있는가 하면, 이익을 보게 된다면 먼저 의리를 생각하라는 '견리사의見利思義'의 뜻을 마음속에 깊이 새긴 기업가도 있다. 조선의 거상, 임상옥이나 유한양행의 창업자, 유일한이 바로 그런 사람들이다.

1904년 4월, 대한 제국의 순회 공사 박장현이 멕시코로 부임해 갈 때 미국에 들른다는 소식을 듣고 유일한의 아버지 유기연은 그의 장남 일한을 미국에 유학 보낸다. 유일한의 나이 아홉 살 때의 일이다.

• 1904년 유일한이 미국으로 유학 떠날 당시의 제물포 앞바다

• 소년시절의 유일한

미국에 건너간 유일한은 네브래스카 주에서 학창 시절을 보낸다.
그는 선교사의 주선으로 커니라는 작은 도시에 살고 있던 이사벨
과 엘리자베스 자매의 집에 거처를 정한다. 독실한 침례교도였던
두 자매는 결혼을 하지 않고, 유일한을 아들처럼 돌봐 준다.
유일한은 성적도 뛰어났다. 뿐만 아니라 운동도 잘했다. 고등학교
에서는 가장 주목받는 미식축구 선수였다.

• 고등학교 시절의 유일한

고등학교 시절까지 유일한의 이름은 '유일형'이었다.
그러나 '형'을 잘 발음하지 못하는 미국인들은
그를 '일한'이라고 잘못 부르곤 했다.
유일한은 이를 계기로 조국을 잊지 않고 살겠다는
의미를 부여해 자신의 이름을 '유일한'으로 바꾸게 된다.

어린 유일한에게 민족의식을 심어 준 사람은 박용만이었다.
그는 유일한의 정신적 지주나 다름없었다.
박용만은 1909년 네브래스카 주 헤스팅스에 항일 무장
독립 투쟁을 위한 군사 학교를 설립하고 학생을 모집한다.
13명이 모여 들었다.

그 13명 중에 쉰 살을 넘긴 사람이 한 명 있었고,
열다섯 살이 채 못 된 소년이 한 명 있었다.
어린 소년이 바로 유일한이었다.

그들은 실제로 총기를 구입하여 군사 훈련을 실시했고,
자급자족을 위해 직접 농사도 지었다.
유일한은 이곳에서 3년간 생활했다.

민족과 사회를 위해 살겠다는 유일한의 의식이
싹튼 곳도 바로 이곳이었다.

• 소년병 학교 시절

고등학교 졸업을 앞두고 유일한은 편지 한 통을 받는다.
부모님으로부터 온 편지였다.
편지는 즉시 고국으로 돌아와 집안을 보살피라는 내용이었다.
그러나 유일한은 학업을 중도에 포기할 수는 없었다.

그는 고민 끝에 상담 선생님을 찾아간다.
이때 상담 선생님은 은행에서 100달러를 빌려 주면서
이 돈을 부모님께 보내 드리고
일한은 남아서 학업을 계속하라고 한다.
유일한은 디트로이트에 있는 '에디슨 변전소'에 취직하여
은행에서 빌린 돈을 갚고 대학에 들어갈 학비를 스스로 번다.

1916년 가을, 유일한은 미시간 주립 대학교 상과에 입학한다. 그
는 한국과 중국 학생들을 모아 '한·중 학생회'라는 모임을 만들어
회장으로 뽑히게 되고, 여기에서 코넬 대학교 의대 출신인 소아
과 의사 호미리胡美利를 만나 1925년 결혼한다.

• 미시간 대학 시절, 친구들과 함께

유일한이 미시간 대학 졸업반이던 1919년 4월 14일,

우리나라의 독립을 주장하는 '한인 자유 대회'가

필라델피아에서 열렸을 때,

• 한인 자유 대회를 마치고 태극기를 앞세워 시가행진을 하고 있다.

그는 이 대회에서

'한국 국민이 독립 운동을 일으킨

목적과 바람을 알리는 글'을 직접 쓰기도 했다.

유일한은 대학 졸업 후
제너럴 일렉트릭이라는 큰 회사에 취직을 했다.
그러나 월급을 받으며 자기 한 몸 편하게 살고 싶지는 않았다.

그는 큰 뜻을 품고 사업을 시작했다. 1922년 식품 회사의
설립이 그 시작이었다. 유일한은 숙주나물을 유리병에 담아 보관
하고 배달하던 기존의 방식을 획기적으로 개선하기 위한 기술 개
발에 착수한다. 무수한 시행착오 끝에 '순간 고온 열처리를 통한
통조림 보관법'을 개발한다.

• 라초이 식품 사무실 전경

기술은 있었지만 돈이 없었던 유일한은 미시간 대학의
동기이며, 디트로이트에서 식료품 도매업을 하고 있던
월리스 스미스의 자본을 끌어들여,
1922년에 '라초이 식품 회사(La Choy Co.)'를 창업하기에 이르렀다.
사업은 성공이었다.

1926년,

유일한은 미국에서의 사업을 접고 귀국을 결심한다.

그는 제약 회사를 차려 질병 퇴치를 해야겠다는 생각을 한다.

회사 이름도 자신의 이름에서 '유한'을 따고,

세계로 통하는 회사라는 의미로 '유한양행'이라고 정한다.

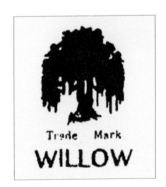

• 창립 초기 로고

유한양행의 상징인 버드나무에는
하나의 사연이 있다.

유일한이 귀국을 결심하고 서재필 박사를 찾아갔을 때,
서재필 박사가 정치나 힘으로 독립 운동을 하는 것도 중요하지만,
국민들에게 필요한 사업을 해서 나라를 일으켜 세우는 것도
중요한 일이라고 하면서 버드나무를 새긴 목각화를
선물로 준 것이다.

고국으로 돌아가
아름드리 버드나무가 되어 달라는
의미였다.

사업은 날로 번창했다.
사업을 시작한 지 10년째 되던 1936년에
사원은 77명으로 불어났다.
이때 유일한은 자신의 생각을 실천에 옮긴다.

바로 유한양행을 '주식회사'로 바꾼 것이다.
이제 유한양행은 유일한 개인의 소유가 아니라
주식을 가진 사람이 주인이 되는 회사가 된 것이다.

유일한은 매우 헌신적인 독립 운동가이기도 하였다. 1941년에는 해외 독립 운동 단체들이 연합하여 하와이 호놀룰루에서 개최한 '해외 한족 대회'에서 집행부 위원으로 활동했다.

1942년에는 미군 전략 첩보대(OSS)의 한국 담당 고문으로, 1945년에는 냅코 작전(Napko Project)에 비밀 요원으로 참여하게 된다. 냅코 작전은 한인을 중심으로 한반도에 직접 침투한다는 작전이었다. 1945년 일본이 항복을 선언했을 때, 유일한의 마음은 어땠을까. 자신의 힘으로 나라를 찾아야겠다고 생각했던 이들에게 일본의 패망은 기쁘기도 했지만 한편으로는 쓸쓸한 것이기도 했다.

해외에서 독립 운동을 하던 유일한은
해방이 되자 고국으로 다시 돌아온다.
귀국한 유일한에게 이승만 대통령은
함께 나라를 세우는 일을 같이 하자고 제의한다.
그러나 유일한은 이런 제의를 뿌리친다.
나라를 일으켜 동포들에게 일자리를 주고,
좋은 상품을 만들어 동포들에게 제공하고,
정직하게 번 돈으로 세금을 내어
나라를 부강하게 해야 한다는 뜻이 있었기 때문이다.

기업가의 길, 바로 그것이 자신의 길이라고 생각했던 것이다. 해방에 이은 분단으로 중국과 만주와 북한에 있는 회사를 잃었지만 유일한은 낙담하지 않고 다시 일어섰다.

유일한이 상공 회의소 회장직을 맡게 되었을 때, 모두들 그의 동생에게 회사의 사장직이 돌아갈 것이라고 생각했지만 그는 형제에게 회사를 물려주는 그런 사람이 아니었다. 대신 어린 시절 헤스팅스 훈련병 학교에서 같이 훈련을 받았던 구영숙이라는 사람에게 회사를 맡긴다.

1948년 상공부 장관을 맡아 달라는 이승만 대통령의 제의를 뿌리치고 유일한은 미국으로 건너가 스탠퍼드 대학에서 국제법을 공부하여 박사 학위를 받고, 다시 귀국하여 교육 사업에 눈을 돌리기 시작한다. 그는 자신의 사재를 털어 고려 공과 기술 학원을 세웠으며, 한국 직업 학원, 유한 공업 고등학교를 설립하며 교육 사업에 심혈을 기울였다. 뿐만 아니라 유한양행 주식 40퍼센트를 각종 공익 재단에 기증하며 말이 아닌 행동으로 자신의 생각을 실천했다.

　　　1971년 3월 11일,
　　　유일한은 한 통의 유언장만을 남긴 채 세상을 떠난다.

"손녀 유일링에게는 대학 졸업 때까지 학비 1만 달러를 준다. 딸 재라에게는 유한 학교 안에 있는 땅 5,000평을 물려준다. 이 땅을 유한 동산으로 꾸며 주기 바란다. 단, 유한 동산은 학생들이 마음껏 뛰놀며 쉴 수 있도록 울타리를 치지 마라. 아들 일선은 대학까지 가르쳤으니 앞으로는 스스로의 힘으로 살아라. 나머지 재산은 모두 한국 사회 및 교육 신탁 기금에 보내, 뜻있는 교육과 사회사업에 쓰도록 하라!"

그가 남긴 것이라고는

구두 두 켤레와 양복 세 벌
그리고…
손때 묻은 가방, 안경, 만년필, 지팡이가
전부였다.

유일한은 또 종업원을 최고로 대우하는 사업가였다. 가족과 형제
만의 이익을 챙기는 속 좁은 사업가가 아니었다. 나를 생각하되
남도 생각할 줄 아는 큰사람이었다. 내 가족뿐만 아니라 내 이웃,
더 나아가서 내 국가까지도 챙길 줄 아는 일꾼이 유일한이었다.
그는 성실한 납세자이기도 하였다. 내가 번 돈으로 내 국가를 부
강하게 해야 한다는 생각 때문이었다. 그의 기업가 정신은 그대로
딸에게도 이어졌다. 그의 딸 유재라 씨도 1991년 미국에서 숨을
거둘 때 200억 원에 상당하는 자신의 전 재산을 공익 법인인 유한
재단에 기부했다.

유일한, 그가 대한민국에서 가장 존경받는 기업인으로 꼽히게 된
것은 당연한 일이다. 기업들이라면 마땅히 이익 앞에서 유일한을
떠올릴 수 있어야 할 것이다. 이익 앞에서 그를 생각하는 것은 곧
의리義理를 생각하는 것이리라.

노블레스 오블리주 noblesse oblige

사회 고위층 인사에게 요구되는 높은 수준의 도덕적 의무를 뜻한다. 초기 로마 시대에 왕과 귀족들이 보여 준 투철한 도덕의식과 솔선수범하는 공공 정신에서 비롯되었다. 초기 로마 사회에서는 사회 고위층의 공공 봉사와 기부, 헌납 등의 전통이 강하였고, 이러한 행위는 의무인 동시에 명예로 인식되면서 자발적이고 경쟁적으로 이루어졌다. 특히 귀족 등의 고위층이 전쟁에 참여하는 전통은 더욱 확고했는데, 한 예로 기원전 218년 한니발이 일으킨 제2차 포에니 전쟁 중 최고 지도자인 콘설(집정관)의 전사자 수만 해도 13명에 이르렀다고 한다. 이러한 귀족층의 솔선수범과 희생에 힘입어 로마는 고대 세계의 맹주로 자리할 수 있었으나, 제정帝政 이후 권력이 개인에게 집중되고 도덕적으로 해이해지면서 발전의 역동성이 급속히 쇠퇴한 것으로 역사학자들은 평가하고 있다. 근대와 현대에 이르러서도 이러한 도덕의식은 계층 간 대립을 해결할 수 있는 최고의 수단으로 여겨져 왔다. 특히 전쟁과 같은 총체적 국난을 맞이하여 국민을 통합하고 역량을 극대화하기 위해서는 무엇보다 기득권층의 솔선수범하는 자세가 필요하다. 실제로 두 차례의 세계 대전에서는 영국의 고위층 자제가 다니던 이튼 칼리지 출신 중 2,000여 명이 전사했고, 포클랜드 전쟁 때는 영국 여왕의 둘째 아들 앤드루가 전투 헬기 조종사로 참전하였다. 한국 전쟁 때에도 미군 장성의 아들이 142명이나 참전해 35명이 목숨을 잃거나 부상을 입었다.

유일한

1895년 1월 15일 평안남도 평양에서 출생.

1904년 대한 제국의 순회 공사인 박장현을 따라 도미.

1919년 미국 미시간 대학교 상과 졸업.

1922년 라초이 식품 회사 설립.

1925년 소아과 의사 호미리胡美利 여사와 결혼.

1926년 12월 10일 귀국하여 유한양행 창설.

1942년 미국에서 항일 무장 독립군 맹호군 창설 주역으로 활동.

1945년 미국 OSS 지하 항일 계획인 냅코 작전 특수 공작원으로 활동.

1946년 귀국하여 초대 상공 회의소 회장에 취임.

1948년 미국 스탠퍼드 대학원에서 국제법 수학(박사과정).

1964년 학교 법인 유한 학원 설립.

1968년 모범 납세자로 선정되어 동탑 산업 훈장 수훈.

1970년 재단 법인 유한 재단 설립.

1970년 사회 공익에 기여한 공으로 국민 훈장 모란장 수훈.

1971년 3월 11일 향년 76세로 영면.

　　　　　4월 8일 유언장 공개, 전 재산 사회 환원.

07
금메달을
강물에 내던져 버렸던
무하마드 알리

"베트콩과 싸우느니
흑인을 억압하는 당신과 싸우겠다."

어느 날 한 사내가 오하이오 허드슨 강물에 올림픽 금메달을 아낌 없이 던져 버린다. 그는 캐시어스 클레이라는 권투 선수였다. 강물에 버려진 것은 1960년 미국의 로마 올림픽 국가 대표 선수로 발탁되어 따낸 금메달이었다.

금메달을 따자 클레이는 미국의 영웅이 되었다. 클레이가 고향으로 돌아왔을 때, 고향은 말 그대로 축제 분위기였다. 페인트공인 그의 아버지는 계단을 여러 가지 색으로 칠하여 축제 분위기를 연출했다.

클레이는 미국으로 돌아온 뒤 공항에서 가진 인터뷰에서 이렇게 말했다.

"미국을 가장 위대하게 만드는 것이 내 목표였다. 그래서 나는 러시아와 폴란드 선수를 이겼고 미국을 위해 금메달을 따냈다."

그러면서 클레이는 한동안 금메달을 목에 걸고 다녔다. 금메달을 목에 건 채 밥을 먹었고, 심지어는 잠을 잘 때도 목에서 빼지 않았다.

그러나 기쁨과 영광은 잠시였다.

어느 날 클레이는 친구 로니와 함께 햄버거를 먹기 위해 백인들이 주로 다니는 식당으로 들어갔다. 식당에 들어선 순간 클레이는 싸늘한 눈초리를 느껴야만 했다. 백인 불량배들이 클레이와 친구를 노려보면서 욕설을 했다. 심지어 식당 주인은

"난 깜둥이한테는 음식 안 팔아!"

라고 큰 소리로 외쳤다.

금메달리스트가
아니라

흑인임을
뼈저리게 느끼는 순간이었다.

又 한 번은 불량배들에게 금메달을 뺏길 뻔한 사건도 있었다.

불량배들을 물리치고 난 클레이는 오토바이를 타고
오하이오 강으로 갔다.
그리고 미련 없이
금메달을
강물에 던져 버렸다.
새로운 삶을 살 것을 클레이는 다짐한다.

> "내가 로마에서 가졌던
> '미국을 대표한다.'는 환상은
> 그때 사라졌습니다.
> 나는 흑인으로서
> 멸시받고 있는
> 켄터키의 고향에 와 있었던 것입니다."

그는 그때를 회고하면서 이렇게 말했다.

클레이는 어린 시절부터 남달리 자존심이 셌다. 그는 1942년 1월 17일 미국 켄터키 주 루이빌의 가난한 집안에서 태어났다. 그의 본명은 캐시어스 마셀루스 클레이 주니어였다.

그가 살던 곳은 특히 인종 차별이 심했다. 극심한 차별 대우 속에서도 그는 늘 자기 자신의 존재 이유를 생각했다. 바로 그것이 그를 자존심 강한 존재로 만들었다.

1954년 10월, 열두 살의 클레이는 친구와 자전거를 타고 동네에서 연례로 치르는 큰 행사에 구경을 나섰다. 비가 억수같이 쏟아져, 잠시 비를 피하기 위해 자전거를 밖에 세워 두고 극장에 들어갔다 나와 보니 자전거가 없어졌다. 클레이는 조 마틴이라는 형사에게 자전거를 훔친 사람을 잡으면 "한방 먹이겠다."고 소리쳤다. 형사는 "한방 먹이는 것을 배우려면 체육관에 가라."라고 농담을 던졌다. 조 마틴은 자신의 돈으로 체육관을 차려 놓고 틈틈이 동네 어린이들에게 복싱을 가르쳐 주던 복싱 코치이기도 했다. 클레이에게 그런 조 마틴의 말은 농담처럼 들리지 않았다. 사각의 링 안에서는 검둥이나 흰둥이나 평등했다. 그래, 권투를 배우자. 이렇게 그의 권투 인생은 시작된다.

복싱을 시작한 지 6주 만에 첫 경기에서 승리를 거두었다. 클레이는 무서운 집념으로 복싱에 빠져들었다. 체력 향상에 좋다는 생마늘을 먹기도 했다. 클레이는 엄청난 집중력의 소유자였다. 몰입할 수 있는 힘, 그것이 클레이의 최대 장점이었다. 밥을 먹어도 권투, 잠을 자도 권투, 그의 머릿속은 온통 권투였다.

어느 날 훈련을 마치고 집에 들어와 라디오를 켰는데, 라디오에서 "우리의 헤비급 세계 챔피언, 록키 마르시아노입니다!"라는 말이 흘러나왔다. 훗날 클레이는 이렇게 말했다. "그 말을 듣는 순간 나는 뼈를 통과하는 싸늘한 기운을 온몸으로 느꼈습니다. 그 말처럼 나에게 큰 영향을 준 말은 없었습니다." 그는 18세에 아마추어 선수로서 승승장구한 뒤 1960년 로마 올림픽의 국가 대표 선수로 금메달을 따게 된다.

이후 흑인으로서의 뼈저린 설움을 경험한 클레이는 금메달을 허드슨 강에 던져 버리고 세계 챔피언의 꿈에 도전하게 된다. 그는 루이빌 스폰서 그룹과 계약을 맺은 뒤 프로로 전향했다.
그리고 악착같이 권투에 매달렸다.

1964년 2월 25일, 미국 플로리다 주의 마이애미 비치 컨벤션 홀에서 그는 세계 챔피언으로 등극한다. 경기 전 인터뷰에서 그는 "나비처럼 날아서 벌처럼 쏘겠다."라고 말했고, 실제 경기에서도 우아한 스텝과 강력한 펀치로 챔피언을 쓰러뜨렸다.

WBA(세계 권투 연맹)와 WBC(세계 권투 평의회) 세계 헤비급 통합 챔피언 '소니 리스턴'은 무서운 선수였다.

리스턴은 최연소로 세계 헤비급 챔피언에 오르고, 사상 처음으로 두 번이나 헤비급 왕좌에 오른 플로이드 패터슨을 두 번 모두 1회에 KO로 누른 막강한 선수였다. 그의 주먹은 상대방의 뼈를 으스러뜨릴 정도로 강했다.

리스턴은 기본기도 탄탄했고, 완벽한 수비와 맷집을 보유한 훌륭한 선수였다. 레프트 잽은 강력했다. 상대들이 모두 경기 초반에 쓰러졌다.

애송이 캐시어스 클레이도 1회전을 버티면 잘한 것이라고들 했다. 당시 인기 코미디언이었던 재키 클리슨은 〈뉴욕 포스트〉에 기고한 글에서 "리스턴이 클레이를 1회 18초 만에 KO시킬 것이다."라고 예상하기도 했다.

그러나 클레이는 나비처럼 빠르고 우아했다.

리스턴의 주먹을 요리조리 피했다.

3회전 중반이 되자 지치기 시작한 리스턴에게 클레이의
왼손 잽이 작렬하기 시작했다.

시간이 지날수록 챔피언은 큰 주먹을 날리며 경기를 끝내려
했지만 그럴수록 클레이의 주먹은 날카로워졌다.

결국 챔피언의
오른쪽 눈두덩이 째지고,
7회전 시작 종이 울렸으나
챔피언은 나오지 못했다.

클레이의 TKO 승이었다.

클레이는 자신의 패배를 예측한 링사이드의 기자들을 향해 자신
의 승리를 외쳤다.

"나는 왕이다! 세상의 왕이다."
I am the king. The king of the world!

복싱 역사에 가장 위대한 챔피언이 탄생하는 순간이었다.
그가 '위대한 챔피언'이 된 것은 단순히 권투를 잘해서가
아니었다. 그에게는 특별한 그 무엇이 있었다. 그것은 바로

끊임없는 반항의 정신이었다.

세계 챔피언에 오른 클레이는 흑인 인권 지도자 맬컴 엑스 등과 파티를 가진 뒤 다음 날 아침, 경기가 벌어진 컨벤션 센터에서 기자 회견을 했다. 클레이는 챔피언이 됐으니 앞으로는 말보다 행동으로 미국 청소년들에게 귀감이 되겠다고 선언하기도 했다.

그러자 한 기자가 날카로운 질문을 던진다.
클레이와 흑인 이슬람교도들과의
관계를 캐물은 것이다.

이 단체의 대표적인 지도자 맬컴 엑스는 흑인들이 백인들의 착취와 탄압에서 벗어나기 위해서는 무장봉기를 해야 한다는 말도 거리낌 없이 했다.
클레이는 이 기자의 질문에 사실대로 자신이 기독교에서 이슬람교로 개종했다는 사실을 공개했다.

파장은 엄청났다.

맬컴 엑스
미국의 흑인 권리 신장 운동가이자 블랙 모슬렘의 지도자. 원래 이름은 맬컴 리틀이었으나 이슬람 신앙에 귀의하면서 알 수 없다는 뜻의 엑스(X)를 자신의 성으로 삼았다. 흑인들이 받는 차별을 강한 어조로 비판하며 블랙 내셔널 리스트 운동을 펼쳤다. 1965년 2월 21일, 뉴욕에서 열린 인종 차별 철폐를 주장하는 집회에서 연설 중 총격을 받고 피살당하였다.

당장 클레이의 아버지 클레이 시니어가 반발하고 나섰다. 그는 흑인 이슬람교도들이 자신의 아들을 속인 것이라고 분개하며 자신은 결코 이름을 바꾸지 않을 것이라고 말했다.

1964년 3월
흑인 이스람교도의 지도자인 엘리자 무하마드는 클레이에게
'무하마드 알리'
라는 새로운 이름을 직접 지어 주게 된다.

백인이 흑인 노예에게 지어 준 '진흙(clay)'이란 뜻의 이름을 거부하고 그는 무하마드 알리로 다시 태어난다. 그는 세계 헤비급 타이틀을 획득한 뒤 이슬람교로 개종, 본격적으로 흑인 인권 운동에 발을 들여 놓은 다음,

이번에는
징집 거부로
전쟁에 반대하는 운동을
전개한다.

1967년 4월 28일 알리는 징병 위원회로부터 출두하라는 명령을 받았으나 거부했다. 그 대가는 너무도 혹독하여, 챔피언 타이틀을 빼앗겼고, 선수 자격 정지를 받았으며, 법원에 기소되었다. 당시 법에 따르면 징집 거부는 보통 징역 1년 6개월 형이 선고됐지만 알리에게는 무려 5년 형이 내려졌다. 여권을 압수하고 타이틀도 박탈했다.

알리는 "흑인 인권도 보장하지 않는 나라가 누구를 위해 전쟁을 하느냐."면서 "베트콩과 싸우느니 흑인을 억압하는 당신과 싸우겠다."고 외쳤다.

1960년대 유럽을 대표하는 영국의 철학자이자 과학자인 버트런드 러셀도 알리에게 편지를 보냈다. "워싱턴의 권력자들은 모든 방법을 동원해서 당신을 파괴시키려 할 겁니다. 왜냐하면 당신이야말로 더 이상 억압과 공포에 학살당하지 않기로 결심한 깨어 있는 의식을 가진 사람들을 대표하는 상징이기 때문입니다. 마음속에서 우러나는 깊은 지원을 당신에게 보냅니다. 영국에 오면 제게 연락을 주십시오."

버트런드 러셀

영국의 철학자이자 수학자로 기호 논리학을 집대성한 공로를 인정받았다. 다양한 철학적 경력의 길을 걸었을 뿐만 아니라 다루고 있는 주제도 광범위하다. 특히 기호 논리학을 이용하여 철학의 여러 문제에 접근한 방식은 20세기 철학사에 뚜렷한 족적을 남겼다. 《수학 원리》, 《철학의 제 문제》, 《정신의 분석》 등의 저서를 썼으며 1950년 노벨 문학상을 수상하였다.

베트남에서는 일주일에 평균 1,000명의 무고한 민간인이 미군의 폭격과 작전에 의해 죽어 가고 있었고 매일 100명의 미군 병사가 전사하면서 전쟁에 반대하는 세계인의 목소리가 높아지기 시작했다. 알리는 단순한 떠벌이 권투 선수가 아니었다.

그는 흑인 인권 운동, 반전과 평화의 상징이 되었다.

반전 여론이 높아지면서, 대법원은 알리에게 무죄 판결을 내리게 된다.

그러나 3년 동안 그는 권투를 하지 못했다.

나이도 이제 30대에 접어들었다.
그는 굴하지 않고 다시 글러브를 끼었다.
이후 1971년 조 프레이저와의 재기전에서 패했지만
좌절하지 않았다.
3년 후,
결국 프레이저를 누르고 재기에 성공하고,
1974년 10월 30일,
막강한 주먹의 조지 포먼과 챔피언 타이틀을 두고 격돌하게 된다.
이 게임에서 8회에 카운터펀치를 날려 승리한다.

화려한 재기였다.

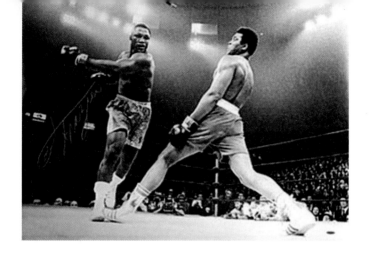

그러나 선수로서의 정점은 곧 하강을 의미했다. 그는 1978년 레온 스핑크스에게 타이틀을 뺏겼다가 다시 탈환하지만, 1980년 래리 홈스에게 지면서 타이틀을 영원히 잃게 되고, 1981년 트레버 버빅과의 경기의 패배를 끝으로

링에서 사라졌다.

그는 1996년
애틀랜타 올림픽에서는
성화 점화자로 나서
세계를 깜짝 놀라게 했다.

생애 통산 61전 56승(37KO) 5패.

세계 헤비급 역사상
플로이드 패터슨에 이어 두 번째로, 잃었던 타이틀을 되찾고,
최초로 세 번씩이나 헤비급 왕좌를 지낸
무하마드 알리.

회고록에서 그는 이렇게 말한다.

> 66
>
> 챔피언이란 마음 깊은 곳에 있는 것으로부터
> 만들어지는 것이다.
> 갈망, 꿈, 비전이 그것이다.
> 당신은 온 힘을 다해야 한다.
> 당신은 다른 사람보다 더 빨라야 한다.
> 당신은 기술이 있어야 하고, 의지가 있어야 한다.
> 기술보다는 의지가 더 중요하다.
>
> 의지가 있는 사람은
> 앞으로 나아가게 되어 있다.
>
> 99

무하마드 알리

1960	로마 올림픽 권투 라이트 헤비급 금메달
1964	세계 권투 협회(WBA) 헤비급 챔피언
1971	북미 권투 연맹(NABF) 헤비급 챔피언
1974	세계 권투 협회(WBA) 헤비급 챔피언
1978	세계 권투 협회(WBA) 헤비급 챔피언
1981	현역 은퇴
1998	유엔 개발 계획(UNDP) 친선 대사
2005	유엔 오토한 평화상

1960년 로마 올림픽

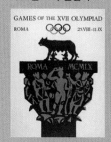

제17회 올림픽으로 이탈리아의 로마에서 열렸다. 올림픽 사상 처음으로 경기 장면이 인공위성을 통해 전 세계로 중계되었고, 전광판과 전자 계측 장치가 등장하는 등 볼거리를 제공했다. 맨발로 마라톤에 출전한 아베베가 큰 인기를 끌었고, 열여덟 살의 미국 권투 선수 클레이(무하마드 알리)가 헤비급 챔피언에 오른 대회이기도 하다. 사이클 선수인 덴마크의 옌센이 약물을 복용하고 출전했다가 사망하는 사건이 일어나 1972년 삿포로 동계 올림픽 대회부터 도핑 테스트를 실시하는 계기가 됐다. 모두 67개국에서 5,000여 명의 선수가 참가하였으며 소련이 종합 우승을 차지했다.

08

40년 동안
하루에 한 끼만 먹었던
금욕주의자
유영모

"사람이 세상에 나면
젖, 밥에 대한 탐욕으로 자라고 살아간다.
그러다가
탐욕 때문에 고생을 하게 된다."

하루에 두 끼만 먹어도 배가 고픈데

일일일식(一日一食),

하루에 오직 한 끼만을 먹은 사람이 있다.
하루 이틀도 아니고 무려 40년 동안이나 말이다.

1941년 2월 17일부터 하루에 저녁 한 끼만을 먹기 시작한 그는
1981년 2월 3일 그의 생애를 마칠 때까지 40년 동안 일일일식을
지킨다. 그리고 결혼한 아내와는 육체적 관계 없이 오누이처럼 지
냈다.

> "남녀 관계는 인격을 빠져나가게 하고,
> 동물적인 욕정으로 떨어지면
> 사랑은 악의 근원이 된다.
> 서로 좋으면 좋지 않느냐는 식으로 나가면
> 존엄성이 깨져 사람은 향락주의의 찌꺼기가 된다."

그는 이렇게 말하면서 욕망을 억누르는 금욕이 참된 나를 찾아가
는 길임을 강조하였다.

그는 옷을 허름하게 입었고, 술과 담배를 하지 않았으며, 아이스
크림이나 과자를 입에 대지 않았고, 외식도 하지 않았다. 또 비싼
과일을 먹는 법도 없었다.
그는 아주 먼 거리가 아니면 늘 걸어 다녔지만 시간 약속을 어기
지 않았다. 그는 서울에서 인천까지 걸어서 갔다가 걸어서 돌아온
다음 날 제자들과 북한산 꼭대기에 올랐다.

지치지도 않고 배고픈 줄도 모르고
목마른 줄도 모르는 스승을 보며
그의 제자 함석헌도 일일일식을 하기로 결심한다.
30년간 세검정에서 종로의 YMCA까지
1시간 10분이나 걸리는 길을 걸어 다닌 사람,
버스나 택시를 타 본 일이 없는 사람.
바로 그가 다석多夕 유영모이다.

그의 호 '다석多夕'을 보면 '다多'는 '저녁 석夕' 자를 두 개 포개 놓은
것이다. 이를 두고 오직 저녁 식사만을 했다는 뜻으로 해석하는
사람들도 있다.

"안 먹으면 죽는다.
안 먹고는 못 사니까 먹는다는 말은 맞다.
그러나 너무 많이 먹는다.
적게 먹고 편히 살 수 있는데도
많이 먹고 배탈이 나서 고생을 한다.
사람이 안 먹으면 병이 없다."

자신의 말처럼 그는 천수를 누리다가 91세의 나이로 세상을 떠
났다.

유영모는 1890년 3월 13일 서울 남대문 수각교 근처에서 아버지 유명근 씨와 어머니 김완전 여사 사이에서 태어났다. 유영모는 다섯 살 때 아버지 유명근으로부터 천자문과 동몽선습을 배웠는데 천자문을 거꾸로 외울 만큼 암기력과 이해력이 뛰어났다.

1900년 수하동 소학교에 입학하여 서당에서 배우지 못했던 산수에 큰 흥미를 가졌다. 그래서 그는 자주 수數의 아름다움을 느낀다고 말할 정도로 수를 좋아했다. 스물여덟 살이 되던 1918년 1월 13일부터는 자신의 산 날수를 셈하기 시작했다. 그의 일기에는 연·월·일·요일·날씨가 있고 그 옆에 다섯 자리의 숫자가 있다. 이 숫자는 그가 태어나서 그때까지 산 날자 수를 가리킨다.

그는 열두 살 때 소학교를 그만두게 된다. 일본인에 의해 운영되는 소학교에 대한 반감 때문이었다. 유영모는 서당에서 유교의 경전 중 하나인 《맹자》를 3년 동안 공부했는데, 이렇게 어린 시절 배웠던 맹자를 훗날 YMCA에서 가르치기도 했다. 열다섯 살 때인 1905년에는 김정식의 영향을 받아 기독교에 입문한다. 김정식은 우리나라에 처음 기독 청년회를 창립하고 초대 총무로 일을 했던 인물이다. 유영모는 그 당시 연동 교회, 새문안 교회, 승동 교회의 예배에 모두 참석하는 열의를 보이기도 하였다.

그는 1905년 11월부터 1년 반 동안 일어 학교에서 일어를 공부하였고 그 후 일본어를 통해 신학문이나 서구 사상을 습득하였다. 또 1907년 9월부터 약 1년 반 동안 경신 학교에서 공부하였으나, 경신 학교를 졸업하기 전에 이승훈에 의해 평안북도 정주에 있는 오산 학교 교사로 초빙되어 간다.

오산 학교 교장이었던 이승훈은 그때까지 기독교 신앙과 접할 기회를 가지지 못하였으나 유영모를 통해 기독교와 만나게 되었고 그로부터 오산 학교도 기독교 이념에 의해 운영되었다.

• 오산 학교 졸업식 장면

유영모는 기독교인이었지만 여느 기독교인들과는 달리 타인의 종교를 배척하지 않았다. 그가 이렇게 다른 종교에 너그러울 수 있었던 것은 동생의 죽음 때문이었다. 1911년 동생 영묵이 죽자 유영모는 죽음에 대해 심각한 고민을 하게 되었고, 이때를 전후해서 톨스토이의 사상에 심취하고 노자와 불경을 읽기 시작하였다.

이승훈 1864~1930
독립 운동가이자 1907년 오산 학교를 설립한 교육자이다. 신학문과 애국심을 학생들에게 강조하였으며 1919년 3·1 독립 선언에 민족 대표 33인 중 한 사람으로 참가하였다. 물산 장려 운동과 민립 대학 설립을 추진한 것으로도 유명하다.

그는 진리가
성경 속에만 있는 것이 아니라고 생각했다.
즉 불경이나 공자, 맹자, 노자, 장자 속에도
진리가 있을 수 있다고 생각했다.

오산 학교 교사를 그만둔 뒤 그는 일본으로 건너가 동경 물리 학교에서 1년 반 정도 공부하였다. 유영모는 어릴 때부터 숫자를 좋아했으며 오산 학교에서 물리와 화학을 가르쳤다. 또한 유영모는 아들과 함께 망원경을 만들어 천체 관측을 즐겼다고도 한다.

전 도쿄 대학교 교수인 오가와 하루히사 교수는 유영모에 대해 "별에서 영원성을 발견하고 우주의 광대함, 무한함에서 신을 발견하는 그의 신관은 매우 합리적이다. 유영모는 자연에 접하여 자연계의 아름다움과 신비로움을 모두 이해한다."라고 말하기도 했다.
유영모는 자연의 위대함은 곧 신의 위대함이라고 생각했다.

동경 물리 학교에서 공부할 때, 동경에는 김정식이 한국 기독교 청년회의 총무로 있었다. 김정식은 우치무라 간조를 유영모에게 소개한다. 우치무라 간조는 서구적인 기독교가 아닌, 일본적인 기독교를 찾고자 한 사상가였다. 더구나 교회에 다녀야만 구원받을 수 있다는 생각을 버린 무교회주의자이기도 하였다. 우치무라 간조를 통해 유영모는 우리나라에서는 가장 빨리 무교회 신앙을 접한 인물 가운데 한 사람이 되었다.

유영모는 일본에서 귀국한 뒤 1915년에 김효정과 결혼을 하고, 1921년 9월에는 조만식의 뒤를 이어 오산 학교 교장으로 부임하였으나 일제가 1년이 넘도록 교장 자격을 인정하지 않자 자리를 떠났다. 이때 함석헌이 오산 학교 학생으로 재학하고 있어서 유영모와 함석헌은 오랫동안 사제지간의 인연을 맺게 된다.

• 왼쪽부터 전병호, 다석 유영모, 함석헌

유영모가 김교신을 알게 된 것은 함석헌을 통해서였다. 함석헌은 일본 유학 당시 우치무라 간조의 무교회 모임에서 한국인 유학생이었던 김교신을 알게 되었고, 김교신은 1927년 귀국하여 〈성서조선聖書朝鮮〉이라는 잡지를 창간하였다. 유영모는 〈성서조선〉에 여러 차례 기고를 하였고, 1942년에는 '〈성서조선〉 사건'으로 인해 두 달 가까이 구금되기도 하였다.

이 사건은 김교신이 〈성서조선〉에 쓴 '개구리를 조상함'이란 뜻의 '조와弔蛙'라는 글 때문에 12명이나 투옥된 일을 말한다.

"오랜만에 친구 와군(蛙君, 개구리)들의
안부를 살피고저 속을 구부려 찾았더니,
오호라, 개구리의 시체 두세 마리 담꼬리에
부유하고 있지 않은가!
짐작건대, 지난겨울의 비상한 혹한에
적은 담수의 밑바닥까지 얼어서 이 참사가 생긴 모양이다.
예년에는 얼지 않았던 데까지 얼어붙은 까닭인 듯.
동사한 개구리 시체를 모아 매장하여 주고 보니
담저潭底에 아직 두어 마리 기어 다닌다.
아, 전멸은 면했나 보다!"

못 아래에 개구리 두어 마리 기어 다니는 것을 보고 "아, 전멸은 면했나 보다!"라고 감탄하였는데 이 말 속에 숨은 뜻이 독립 정신을 고취시켰다고 일제가 판단한 것이다.

성서조선
무교회주의 창시자인 우치무라 간조의 영향을 받아 1927년 김교신, 함석헌 등이 주축이 되어 만든 신앙 동인지이다. 1942년 3월호에 실린 '조와弔蛙'의 내용이 조선의 부활을 개구리의 소생에 비유하였다는 이유로 폐간 조치를 당하였다.

• 동광원 강연 모습

유영모는 1946년에 전라도 광주에 있는 동광원을 알게 된다. 동광원은 '맨발의 성자'라고 하는 이현필이 만든 곳이다.

이곳은 고생을 복으로 알고 살며 봉사를 실천하는 노동 수도 단체이다. 동광원의 수녀들은 유영모를 '진달래 할아버지'라고 불렀다. 유영모는 "아름답게 피기보다 지는 데 보람을 두는 꽃 같다."며 진달래를 좋아했다.
그는 서울 구기동의 집을 판 돈으로 '진달래 교회'를 짓는 비용과 1만 평의 터를 마련해 주기도 했다. 유영모는 농사짓는 것을 하나님을 사랑하고 이웃을 사랑하는 실천이라고 생각했다. 그래서 북한산 비봉 아래에서 여러 과실수와 짐승들을 길렀다.

"사람이 땅의 농사를 짓는 것은 결국 마음의 농사를 짓기 위함인데 마음의 농사란 진리를 깨달아 참된 아버지를 찾아가는 것이다."

'겉으로 보기에 각 종교는 서로 다른 것 같지만 모든 종교들이 말하고자 하는 진리는 결국 하나.'라는 것이 유영모의 기본적인 생각이었다.

그는 여러 종교 가운데 어느 종교가 더 참된 종교인가를 비교하는 것에 반대하였고, 특정 종교에 대해 편견을 가져서는 안 된다고 말하였다. 그는 모든 종교는 존재할 가치가 있다고 생각하였다. 그는 특정 개인이 특정 종교를 믿는 것은 그 개인의 자유이며, 특정 개인이 어떤 종교를 믿을 것인가는 전적으로 그 개인에게 달린 문제라고 하였다. 내 종교를 강요하지 말라는 것이 그의 종교관이었다. 그는 나의 종교만이 옳다고 생각하는 사람들에게 이렇게 말하였다.

> "알긴 무엇을 아는가.
> 우리는 아는 것이 없다.
> 예수교 믿는 사람은 유교를 이단시하고
> 불교를 우상 숭배라고 한다.
> 불교에서는 예수를 비난한다.
> 유교를 나쁘다고 한다.
> 유교에서는 불교를 욕지거리하는데
> 무엇을 안다고들 그러는지 모르겠다.
> ## 남을 모르면 자기도 모른다.
> 자기가 그이君子가 되려면 다른 그이君子도 알아야 한다.
> 지금은 참 멍텅구리 시대다."

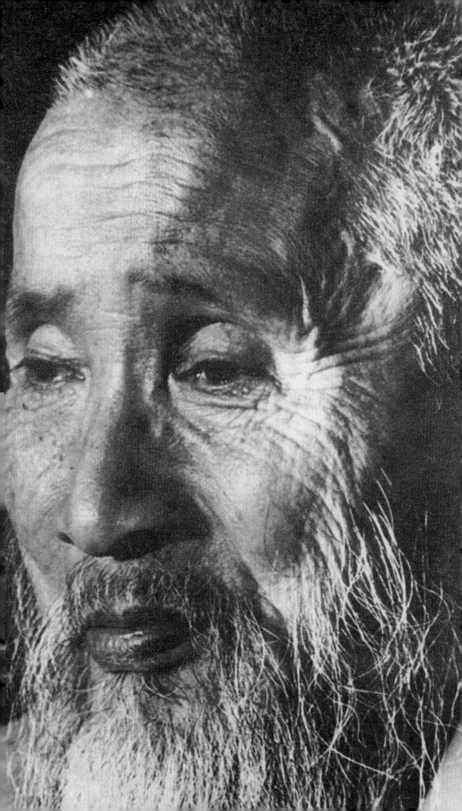

종교를 비교 연구할 때 유영모는 여러 종교의 차이점보다는 공통점을 찾아내는 일에 힘을 쏟았다. 여러 종교의 공통점에서 여러 종교가 공통적으로 말하는 하나의 진리를 찾을 수 있다고 생각하였기 때문이다.

그는

> "종교는 자유인데 자기가 어떻게 믿든
> 자기에게 분명한 것을 믿으면 된다.
> 남의 말 듣고 믿으면 그게 무엇인가.
> 한 마리의 개가 의심이 나서 짖는데
> 다른 개들이 따라 짖는 것과 무엇이 다른가?"

…라고 하거나,

"어떤 인생관도 제 인생관이지 남에게 강요할 수는 없다."라고 말하면서 자기의 종교만이 절대적인 진리이며 타인의 종교는 그르다는 식의 태도를 질타했다. 나만이 옳다는 생각을 버리라는 것이었다. 그는 또 종교가 강조하는 삶이 '소박함'에 있다는 사실을 강조했다.

> "종교가 귀족적이 되면 남을 짓밟게 된다.
> 예수처럼 내가 십자가를 지겠다는 사람은 하나도 없고
> 남에게 십자가를 지우겠다는 놈만 가득 찼다."

그는 "아무 것도 없는 허공이라야 참
이다. 이 허공이 하나님이다." 이렇게
말했다. 부와 명예를 얻기 위해 자신
을 억지로 드러내지 말고 자신을 감추
라며 "세상에 나타나려고 하지 말고
숨으려고 하라. 숨으면 숨을수록
기쁨이 더 충만하게 된다. 그
것은 더 높이 올라갈 수 있기 때문이
다. 오르려는 사람은 깊이 숨어야 한
다. 숨는다는 것은 더 깊이 준비하고
훈련한다는 것이다."라고 말했다. 자

신을 드러내려고 하지 말고 감추라는 이야기였다.

착한 일을 하면 칭찬받고 싶고,
봉사 활동을 하면 봉사 점수를 받고 싶은 것이
평범한 사람의 마음이다.
그러나 칭찬받고 싶은 마음이 앞서고,
돈과 명예를 얻고 싶은 마음이 앞서면
세상은 혼탁해질 수밖에 없다.
세상이 혼탁해질수록 유영모를 기억하고
그의 삶을 본받고자 하는 사람이 많아지기를 기대해 보자.

오산 학교

1907년 12월 평북 정주군에 남강 이승훈이 민족정신의 고취와 인재 양성에 뜻을 두고 설립한 학교. 현 오산 중·고등학교의 전신으로, 민족 교육사에 크게 공헌하였다. 초대 교장 백이행에 이어, 1910년 교육주지敎育主旨를 기독교 정신으로 고쳐 나부열 목사를 설립자 겸 교장으로 맞았으나, 그 후 사정에 의하여 기독교 측과의 관계를 끊었다. 당시 교육을 맡았던 지도 교사에는 여준·윤기섭·유영모·장지영·이광수·염상섭·김억 등이 있었고, 운영을 맡았던 교장으로는 백이행의 뒤를 이어 이종성·나부열·박기선·조만식·유영모·주기용 등 많은 애국지사들이 있었다. 3·1 운동 후 이승훈이 체포 구금되자 일제는 독립 운동의 본거지라 하여 탄압을 강화하였고, 끝내는 교사校舍를 불태웠다. 1923년 출감한 이승훈이 김기홍·오치은·조시연 등의 도움을 받아 학교를 재건, 종합 교육 기관으로 발돋움하는 계획을 추진하던 중 1930년에 이승훈의 갑작스러운 죽음으로 모든 계획이 중단되었다. 그 후 근근이 명맥만을 이어 오다가 광복 후 오산의 전통과 이념을 되살리게 되었으나 한국 전쟁으로 학교를 부산으로 옮겨 1953년 4월에 오산 고등학교로 재건하였다. 1956년에 현재 위치인 서울 용산구 보광동으로 이전하였다.

유영모

1890년   3월 13일 서울 남대문 수각교 근처에서 출생.

1900년   수하동 소학교에 입학.

1905년   기독교에 입문.

1905년   11월부터 1년 반 동안 일어 학교에서 일어를 공부.

1907년   경신 학교 과정을 마침.

1909년   경기도 양평 학교 교사가 됨.

1912년   일본에 건너가 동경 물리 학교에서 수학하며, 우치무라 간조의 강연에
         큰 영향을 받음.

1914년   최남선과 교류하며 〈청춘〉지에 '농우農牛', '오늘' 등을 1918년까지 기고.

1921년   조만식의 뒤를 이어 오산 학교 교장으로 부임. 1년 재직하는 동안 김교신,
         함석헌 등 제자에게 큰 감화를 줌.

1928년   YMCA 성경 연구반 지도를 맡아 35년간 계속함. 〈성서조선〉에 신앙의
         글을 발표하다가 '〈성서조선〉 사건'으로 1942년 종로 경찰서에 구금되어
         문초를 받기도 함.

1940년부터 하루 한 끼의 금욕 생활을 실천함.

1955년부터 《다석일지多夕日誌》를 쓰기 시작.

1981년   천수를 다하고 영면.

09
막대한 유산을 포기한
존 로빈스

"자신의 삶이 잘못된 것이라
판단한 순간 그것을 버리고
옳다고 생각하는 길로 접어들라."

2008년 5월 5일 미국 캘리포니아 아이젠하워 병원에서 어니 로 빈스가 사망했다는 기사가 나왔다. 어니 로빈스는 그의 매부 버튼 배스킨과 공동으로 '배스킨 라빈스'를 창립했던 인물이다. 배스킨 라빈스는 우리에게도 친숙한 아이스크림 기업이다.

배스킨 라빈스는 제2 차 세계 대전이 끝 난 직후인 1948년 조그만 아이스크림 가게에서 출발해 이제는 전 세계 50여 개 나라에 수많은 프랜차이즈를 가진, 매출액만 12억 2,000만 달러인 아이스 크림 제국이다.

배스킨 라빈스를 창립한 어니 로빈스는 '배스킨 라빈스'라는 세 계적 기업의 총수로서 부와 명예를 얻었다. 그러나 그의 아들 존 로빈스의 생각은 달랐다. 존은 오히려 아이스크림을 포함한 각종 유제품이 얼마나 인체에 해로운가를 밝히고 전 세계인에게 건강 한 식품을 선택할 수 있도록 알리는 환경 운동가가 되었다.

대체 왜 존 로빈스는 백만장자였던 자신의 아버지로부 터 재산을 물려받는 대신 오히려 아이스크림의 위해성 을 알리는 환경 운동가가 되기로 결심했을까?

존 로빈스는 그의 저서 《음식 혁명》을 통해 그 과정을 자세히 서술하고 있다.

그의 가족들은 아이스크림을 입에 달고 살았다. 심지어는 아침밥으로 아이스크림을 먹기도 하고, 고양이에게 아이스크림 이름을 지어 주기도 했다. 그러던 중 1967년 공동 설립자이자 존 로빈스의 고모부였던 버튼 배스킨이 54살의 나이로 갑자기 사망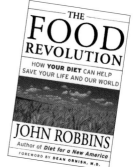

한다. 그는 평생 아이스크림을 먹고 살았다. 비슷한 시기에 로빈스의 아버지 역시 비만과 당뇨, 고혈압 증세로 건강이 매우 악화되었다. 스무 살이 된 아들 존은 고모부의 심장마비가 아이스크림 때문이라며 반항하기 시작했다.

존 로빈스는, 당연히 자신이 건설한 아이스크림 왕국을 이어받길 기대하는 아버지에게 이렇게 말한다.

> "아버지, 지금 세상은 아버지 어릴 적하고는
> 다르다는 걸 아셔야 해요.
> 인간의 행위 때문에 환경이 빠르게 악화되고 있고,
> 음식물이 넘쳐 쓰레기통으로 직행하는 곳이 있는가 하면,
> 다른 곳에서는 어린이들이 굶주림으로
> 2초마다 한 명씩 죽어가고 있어요.
> 이런 상황에서 서른두 번째 맛을 만들어내는 것이
> 저에게 어울린다고 생각하세요?"

그는 자신의 사업을 이어받길 바라던
아버지의 뜻을 거스르고 1969년 아내와 함께
컬럼비아 해안의 작은 섬으로 이주해
그곳에서 한 칸짜리 통나무집을 짓고
10년 동안 식품을 스스로 조달하면서 살아간다.
몇 년 동안 그가 쓴 돈은 채 1,000달러가 안 됐다.

그는 그곳에 살면서 1987년에는
《새로운 미국을 위한 식사Diet For a New America》라는
채식주의에 관한 저서를 펴냈다.
이 책은 국내에는《육식, 건강을 망치고 세상을 망친다》라는
제목으로 2000년에 번역되었다.

책은 많은 현대 목축이 어떻게 동물의 권리를 유린
하고, 식탁을 더럽히는지를 고발한다.

농장주들은 피가 덜 밴 흰 고기를 얻기 위해 소의 빈혈을 유도하
고, 닭을 좁은 축사에 가둬 심장과 폐에 기름 덩어리가 끼도록 만
든다. 닭의 배설물로 닭의 사료를 만들고, 돼지와 닭 뼈, 뇌 조각,
깃털 등을 짓이겨 가축에게 먹인다.

그는 육식 문화의 허구성을 지적하면서 다음과 같은 통계 자료를 제시한다. 농경지 2.5에이커가 있을 경우, 거기서 무엇을 생산하느냐에 따라 에너지 수요를 충족하는 인간의 숫자가 달라진다는 것이다.

양배추를 생산하면
 23명의 에너지 수요를 충족시킬 수 있고,
감자를 생산하면 22명, 쌀을 생산하면 19명,
옥수수를 생산하면 17명이지만
닭고기를 생산하면 2명,

소고기를 생산하면 단 1명의
에너지를 충족시킨다.

매해 기아로 죽어 가는 인구를 먹일 수 있는 곡물의 양은 1,200만 톤인데, 이는 미국인이 소고기 소비를 10퍼센트만 줄이면 얻을 수 있는 분량이라는 사실도 제시한다. 축사에서 배출하는 엄청난 양의 배설물이 환경 오염의 주범이라는 사실도 고발한다.

열대 우림 지대에서 사육한 소고기로
패스트푸드 햄버거 하나를 만들 때마다
20~30종의 식물과
100여 종의 곤충,
10여 종의 새와 동물과 파충류가 사라지고,
세계 인구의 4퍼센트에 불과한 미국인이 먹어 치우는
소고기의 양이 전 세계 소고기 소비량의 23퍼센트라는
충격적인 사실도 밝히고 있다.

존 로빈스는 심장 질환을 막기 위해 지방 섭취를 줄이고,
먹이 사슬을 통해 인간의 몸에 축적되는
발암성 물질을 피하기 위해 채식을 권한다.

한 잡지는 이 책을 이렇게 평가했다.

"비범하고 강렬한 책 하나가 우리 가슴속으로
들어와 폐부를 찌른다.
육식이 건강을 망치고 세상을 망친다.
생태학과 건강, 그리고 생명에 관심 있는
모든 사람들의 필독서다."

존이 집을 나갔을 때
그의 아버지 어니 로빈스의 건강에도 위험 신호가 왔다.
콜레스테롤 수치가 위험 수준을 넘었고
당뇨 증세가 심해 실명의 위험이 커졌다.

그는 아들의 권고를 받아들여 식생활을 바꾸고
아이스크림도 멀리하여 건강을 회복했다.

훗날 환경 운동가가 된 존 로빈스의 권유로
그의 아버지 또한 채식주의자가 된다.

1988년 존 로빈스는 건강한 식단 선택과 환경 보존, 더 자애로운 세계'를 꿈꾸는 비영리 민간단체인 '어스 세이브 인터내셔널Earth Save international'을 설립하였고, 2001년에는 비위생적인 도살과 집단 사육 등을 비롯한 축산업의 적나라한 산업 구조를 고발하고 우리가 먹는 식품 이면에 숨어 있는 위해성을 과학적이고 체계적으로 비판한《음식 혁명The Food Revolution》을 저술했다.

그는 이 책에서 이렇게 말한다.

"얼마 전까지만 해도 미국의 보통 어머니들은

자녀들이 담배를 피우는 것보다 채식주의자가 되는 것을

더 걱정했다.

전문 상점에 가야만 유기농 식품을 겨우 구할 수 있던 것이

바로 어제의 일이다. 병원이 관상 동맥증으로 입원한 환자들의

아침 식사로 베이컨과 달걀, 흰 빵에 잼을 제공하던 때였다.

질병을 일으키고, 자원을 고갈시키고, 동물들의 극단적인 고통을

수반하는 음식을 먹는 것을 당연시하던 시절이었다.

나는 인간과 식품, 지구의 관계를 새로 정립하는 것을

하나의 역사적 혁명이라고 생각한다."

그는 "미국의 양계업계는 좁은 크기의 닭장 안에 많은 닭을 집어넣는 것을 당연하게 여긴다."라고 말한다. 이렇게 비좁은 공간에 붙어 있으니 닭들이 스트레스를 받지 않을 수가 없어 부리로 상대방을 쪼고 심지어는 죽이기도 한다.

그는 짧은 시간에 많은 고기를 얻기 위해 소와 돼지, 닭 등을 '공장 축산 시설'에서 사육하고 도살하는 것은 잔인한 일이라면서, 닭과 칠면조를 키우듯 인간을 키우게 되면 갓 태어난 아기를 18주 만에 680킬로그램에 이르게 하는 것과 같다고 말한다. 끔찍한 일이 아닐 수 없다. 그렇게 길러진 소와 닭과 돼지는 병이 들 수밖에 없을 것이고, 그 병을 치료하기 위해 엄청난 양의 항생제가 가축에게 투여된다는 사실도 존 로빈스는 고발한다.

그는 또 두뇌와 골격 발달에
우유와 고기가 최고라는 말은

새빨간 거짓말이라고 말한다.

예를 들어 미국 어린이의 평균 지능 지수는 99인데 반해 채식을 할 경우 116이었다고 한다. 또한 아이스크림의 포화 지방과 설탕은 심장 마비 발생 확률을 높이는데, 유제품을 가장 많이 소비하는 나라는 핀란드, 스웨덴, 미국, 영국의 순이며, 이는 골다공증이 많이 발생하는 나라의 순위와 일치한다.

또 미국 흑인의 하루 칼슘 섭취량은 1,000밀리그램인데 반해 남아공 흑인들의 하루 칼슘 섭취량은 196밀리그램에 불과하다. 그런데도 미국 흑인의 골절 비율은 남아공 흑인들보다 9배나 높다는 것이다. 뼈를 튼튼하게 한다는 우유가 오히려 뼈를 약화시킨다는 놀라운 사실을 폭로한 것이다. 그것도 우유를 주성분으로 하는 아이스크림 회사인 '배스킨 라빈스'의 회장 아들이 말이다.

그는 최근 첨단 과학 기술로 각광받는
유전자 변형 식품의 유해성도 고발한다.

유전 공학적으로 처리한 클레브시엘라 박테리아가 일단 토양에
뿌려지면 식물의 생장에 필수적인 미코리살균이 급속히 줄어든
다는 사실을 예로 들며 신의 섭리를 거스르는 유전자 변형 기술이
인류에게 재앙이 될 수 있다는 사실도 경고한다.

존 로빈스는 환경 운동의 공로를 인정받아
1994년, 레이철 카슨상을 수상한다.

그는 가족과 함께 그가 지은 통나무집에 모여 산다. 그의 가
족들은 그가 직접 재배한 채소를 먹는다. 그는 각종 강연회
와 저작 활동을 통해서 세상을 바꾸고자 하는 자신의 의견
을 말한다. 건강한 마음과 건강한 몸으로.

육식의 문제점

제레미 리프킨의 책 《육식의 종말》에 따르면 지구에서 생산되는 전체 곡식의 3분의 1이 축우와 다른 가축들 사료로 소비되는 반면 수천만 명의 사람들이 곡식 부족으로 기아에 시달리고 있는 실정이라고 한다. 육류의 과잉 섭취로 인해 북반구의 선진국 사람들은 심장 발작, 암, 당뇨병 등으로 목숨을 잃기도 한다. 육식은 환경의 문제도 초래한다. 중남미의 수백만 에이커에 달하는 열대 우림 지역이 이미 소 방목용 목초지로 개간 중이며 사하라 이남과 미국, 호주 남부 목장 지대에서 진행 중인 사막화의 주된 요인도 소 방목 때문이다. 사육장에서 흘러나오는 축산 폐기물의 양을 살펴보면, 소 1만 마리를 사육하고 있는 비육장에서 배출되는 유기 폐기물은 11만 인구의 도시에서 발생하는 쓰레기양과 맞먹는다. 윌리엄 레이몽의 책, 《독소, 죽음을 부르는 만찬》에 따르면, 미국 서부 11개 주의 물 70퍼센트를 가축이 소비한다. 소 1마리가 하루 평균 12킬로그램의 옥수수를 먹어 치우고 도축될 때까지 사료 생산에 들어가는 석유가 132.5리터에 이른다. 과잉 목축은 제초제와 살충제의 과다 사용으로 이어진다. 광우병도 초식 동물인 소에게 동족의 뼈와 살을 갈아 먹이는 데서 비롯됐다. 미국의 공장형 축사에서 자라는 가축은 100퍼센트 성장 호르몬을 맞으며, 매일 그 고기를 먹을 경우 결장암 발병 확률이 250배나 높아진다.

존 로빈스

1947년   세계 최대의 아이스크림 회사인 '배스킨 라빈스'의 상속인으로 태어남.

1969년   모든 재산에 대한 상속을 거부하고 섬으로 들어가 통나무집을 짓고 아내와
          함께 자연에서 살며 환경 운동가의 삶을 시작.

1987년   《새로운 미국을 위한 식사Diet for a new America》라는 채식주의에 관한
          저서 펴냄.

1994년   레이철 카슨상 수상.

1988년   '건강한 식단 선택과 환경 보존, 더 자애로운 세계'를 꿈꾸는
          비영리 민간단체 'Earth Save international'을 설립.

2001년   《음식 혁명》 출간으로 축산업의 적나라한 산업 구조를 고발.

2006년   《Healthy at 100》이라는 책을 출간. 미국 출판업계 사상 최초로 출판에
          필요한 화학 약품을 사용하지 않고 100% 천연 재료를 이용해 출판함.

10

시간을 생명으로 보았던
고집쟁이

공병우

"지금까지 나는
시간을 생명처럼
생각하며 살아왔다."

공병우 박사,
그는 시간을 황금보다 더 값진 생명으로 보았다.
시간을 조금이라도 아끼려 했던 박사의 노력은 눈물겨웠다.
"못사는 나라 사람들이 옷 치장에 시간을 써서야
되겠느냐!"며 한복을 입지 않았다.

시간을 아낀다고 양말의 고무줄도 잘라 버렸다. 방의 문지방도 톱으로 썰어 냈다. 드나들 때 편리하게 하기 위함이었고 청소하는 시간을 절약하기 위함이었다. 사과 궤짝을 두 개 놓고 침대로 만들었다. 방바닥에 이부자리를 펴는 것보다 침대가 눕고 일어나는 데 시간이 덜 들 것이라는 판단에서였다. 그는 5분 이상 시간을 쓰는 이발소는 가지 않았다.

낮에 하는 결혼식에도 가지 않았다. 미리 약속하지 않고 오는 손님은 되돌려 보냈고, 넥타이도 매지 않았다. 공병우는 김치를 담가 먹는 데도 많은 시간이 걸리므로, 채소를 그대로 먹으면 될 것이고, 간장을 담가 먹는 시간을 줄이기 위해 소금을 먹으면 그만이라고 생각했다. 심지어 그는 간장독과 김칫독을 때려 부수기조차 하였다. 이 모든 것이 시간을 절약하기 위함이었다.

> 그는 복잡하고 번거로운 것을 좋아하지 않았다.
> 그는 단순성을 추구했고 편리한 것을 추구한
> 실용주의자였다.
> 고집을 쉽게 꺾지 않는 고집불통이기도 했다.

공병우는 1906년 평북 벽동에서 태어났다. 그날 임신 8개월인 어머니는 외양간 앞에서 쓰러졌다. 진통이 시작된 것이다. 귀가 어두운 시어머니는 며느리의 비명 소리를 듣지 못했다. 마침 외출에서 돌아오던 시아버지가 이를 보고, 금세 난 핏덩이와 산모를 방으로 데리고 갔다. 산모는 방에서 또 한 명의 애를 낳았다. 이때 외양간에서 난 애는 살고, 방 안에서 난 애는 죽고 만다. 외양간에서 난 팔삭둥이가 바로 공병우다. 공병우는 남보다 두 달이나 빨리 어머니의 배 속에서 나왔다. 그래서일까? 그는 일생 동안 '빨리빨리'를 생활의 신조로 삼고 눈코 뜰 새 없이 바쁘게 살았다. 그러나 자기 자신만을 위해 바쁘게 산 것은 아니다. 어떻게 하면 남들을 더 편히 살게 할 수 있을까, 어떻게 하면 남들이 더 행복해질 수 있을까를 생각하며 자신의 시간을 쪼개어 썼다.

그는 이렇게 말한다.

"지금까지

나는 시간을 생명처럼 생각하며 살아왔다.

그리고 내가 한글의 과학화를 꾀한

중요한 이유 중 하나는 생명처럼 여기는 시간을

온 국민이 모두 함께 효율적으로 절약하며 살 수 있도록

해 보자는 것이다.

모든

문명의 이기는 우리의 생명을 연장시켜 주는 도구이다.

인간의 생명을 연장시킬 수 있는 유일한 방법은

문명의 이기를 이용하는 길뿐이다.

그것도 높은 능률을 올릴 수 있는 기계를 이용한다면,

그만큼 생명을 더욱 길게 연장시키는 결과가 나타날 것이다.

내가 반평생 동안 고성능 한글 기계의 개발을 위해

노력해 온 것은 바로

생명처럼 소중한 시간을 절약하기 위함이기도 하다."

공병우에게 있어 타자기는 생명과도 같이 귀중한 시간을 절약해 주는 도구였다. '어떻게 하면 과학적이고 합리적이며 실용적인 타자기를 만들 수 있는가?'는 평생 동안 그의 과제였다. 그러나 그의 전공 분야는 기계 공학도 아니었고, 한글학도 아니었다.

그는 독학으로 공부하여 1936년 일본 나고야 대학에서 의학 박사 학위를 받았고, 1938년 우리나라 첫 안과 전문 병원인 '공 안과'를 개업한 의사였다. 그는 국내에서 첫 번째로 쌍꺼풀 수술을 했고, 1958년엔 미국으로부터 콘택트렌즈를 처음 도입해 시술했다.

소위 '잘나가는 의사'였다.

공병우의 가르침을 받았던 송현 한글 문화원 원장이
소개하는 다음과 같은 일화는 공병우의 사람됨을 잘 말해 준다.

병우가 의주 농업 학교 2학년에 다닐 때의 일이다.
작문 선생님이 학생들에게 말했다.

"이번 시간에는 '나의 희망과 농업 학교'란 주제로
글을 써 보아라."

공병우는 학교 행정이 잘못되었다는 것을 신랄하게 비판하는 내용으로 긴 글을 지었다. 일주일 뒤 작문 선생님은 다른 학생들의 작문 공책은 다 나눠 주었는데, 공병우 것만은 되돌려 주지 않고 이렇게 말했다.

"여러분 잘 들어요.
여러 학생들의 글은 천고마비 어쩌고저쩌고하는
내용의 죽은 글이거나 남의 흉내를 낸 글이었는데,
공병우 군의 글은 살아 있는 진짜 글이었어요.
내가 읽어 보겠어요.
나중에 공 군의 글은 '압강일보'에 실을 테니,
그때 다시 한번 잘 읽어 보도록 해요."

작문 선생님은 이 글을 반마다 다니면서 읽어 주고,
마침내는 선생님이 다 모인 자리에서도 읽었다.

그때 교장도 그 자리에 있었다는 사실을 안
공병우는 눈앞이 캄캄하였다.
퇴학이 틀림없다고 생각했다.
사흘 뒤에 사환이 와서 저녁 먹고 난 뒤
교장 사택으로 오라는 전갈을 받았다.

일본인 교장은 겁에 질려 떨고 있는 공병우 소년에게
이렇게 말했다.

"너는 앞으로 1년을 더 다녀야 졸업을 하지만,
이미 졸업생과 다름없는 실력이 있는 것 같다.
그래서 더 이상 이 학교에 다닐 필요가 없다.
네가 의사가 되는 것이 꿈이란 것을
보통학교 교장 추천서를 보고 알고 있었다.
그런데 의사가 되는 것은 그리 쉬운 일이 아니다.
마침 경성 사립 치과 전문학교가 있는데,
내가 추천서를 써 줄 테니 그리 가서 공부하는 것이 어떤가?"

학교 행정을 비판한 작문이었는데 생각지도 못한 뜻밖의 행운을 불러왔다. 한 편의 글이 공병우의 운명을 바꾸어 놓은 것이다.

또한 공병우는 정직했다.

그는 언론에서 자신에 대해 한글 타자기를 발명한 사람이라고 말하는 것이 거북했다. "내가 '고성능 한글 타자기'를 최초로 발명했다고 하면 말이 되지만, '고성능'이라는 수식어를 붙이지 않으면 사실과 다르다."라고 말하면서 최초로 한글 타자기를 발명한 사람은 이원익으로, 그가 1913년 84개의 키로 이루어진 최초의 타자기를 발명했으며, 그 후에 송기주가 공병우 타자기의 원조인 송기주 타자기를 발명하였다고 세상에 알렸다. 헛된 명성을 얻지 않겠다는 생각이 잘 드러나는 말이다.

해방 후 공병우는 서울에서 네 번째로
세금을 많이 낼 만큼
돈을 많이 번 성공한 안과 의사였다.
하지만 그는 돈 버는 것에 관심을 가지지 않았다.
그의 관심을 의학에서 한글과 타자기로
바꾸게 한 사람은 그의 병원에 치료차 방문한
한글학자 이극로 선생이었다.
이극로와의 만남은 그의 인생을 바꾸어 놓았다.

그 뒤로 공병우는 한글 시력표를 처음으로 만들었고 '고성능 한글
타자기'를 발명했다. 점자 타자기와 세벌식 한글 워드프로세서,
매킨토시용 '무른모 한 손 자판'도 개발했다. 1988년에는 한글 문
화원을 설립해 '한글 글자꼴'과 '남북한 통일 자판'을 연구했다. 아
흔 가까운 나이에도 그는 '훨씬 속도가 빠르고 과학적'이라
며 세벌식 자판의 장점을 알리는 글을 매일같이 PC 통신에 올렸
다. 젊은이도 따라가기 힘든 열정이었다.

남들을 편리하게 해 주고자 했는지는 몰라도
스스로를 돌보는 것에는 무심했다.
또한 검소하기 이를 데 없었다.
신발도 헤져 못 쓸 때까지 신었다.
노구임에도 군대 야전 병원에서나 볼 수 있는
딱딱한 나무 침대에서 잤고, 냉난방도 제대로 되지 않는
시멘트 사무실에서 고구마를 쪄서 점심으로 때우며
연구에 몰두했다.

정부는 1993년 10월 한글날에 공병우에게 '은관 문화 훈장'을 주었다. 훈장 받기 전날 저녁을 마치고 헤어질 때, 공병우가 다시 한글 문화원으로 들어가기에 그의 제자 송현이 물었다.

"박사님, 오늘 댁에 들어가지 않으십니까?"

내일은 훈장을 받는 날이니까 오늘은 집에 들어가서 자고, 옷도 양복으로 갈아입을 거라 생각하였기 때문이다. 그런데 공병우는 한글 문화원에서 자겠다고 했다.

> 이튿날,
> 공병우는 어제 입고 있던
> 낡은 점퍼와 늘 입던 셔츠 차림으로
> 단상에 올랐다.
> 구두도 평소처럼 구겨 신은 채였다.

그는 형식을 따지지 않는 사람이었다. 타자기 발전을 위해 미국을
시찰했을 때, 콘돔이 산아 제한에 도움이 된다는 사실을 알고, 콘
돔을 잔뜩 사서 보급한다. 오늘날 콘돔은 전국 약국은 물론 화장
실이나 유흥업소의 출입문 근처 어디서나 찾을 수 있는 필수품이
되었다. 그가 점잔이나 격식을 찾지 않는 사람임을 알 수
있는 대목이다.

그런 성격은 또 다른 일화에서도 찾아볼 수 있다.
미국 여행에서 돌아온 공병우는 생활 환경 개선 작업에 착수했다.
이를 보고 많은 사람들이 공병우가 미친 모양이라고 빈정댔다.
한옥 내부를 양옥 스타일로 고치면서
집 밖에 있던 변소를 집 안으로 들여놓은 것이다.
더러운 변소를 집 안으로 들여놓는다는 것은
당시로선 혁명적인 발상이었다.

공병우는 1953년도에 미국에 갔다 와서 유서를 미리 써 둔다.
유서의 골자는 다음과 같다.

🌾

"첫째, 생명이 위독한 병으로 병원에 입원하였을 때, 동거 가족 또
는 보호자는 다른 가족과 친척, 친구들에게 위독하다는 사실을
일절 알리지 말고, 의사의 지시에만 순종할 것.

둘째, 만일 죽더라도 누구에게도 알리지 말고, 장례식이나 추도
식 같은 것을 하지 말 것. 아래 적은 순서로 가능한 방법을 택하여,
시체를 처리할 것.

1) 조직 또는 장기를, 다른 환자의 치료에 사용할 수 있는 것이 있
   다면, 그것을 적출하여 기증하고 나머지 시체는 병리학 또는
   해부학 교실에서 사용할 수 있도록 의과 대학에 제공할 것.

2) 위와 같이 할 수 없을 때는 사후 24시간 이내에 화장 또는 수장
   을 한다. 만약 법적으로 화장 또는 수장이 불가능할 때에는 가
   장 가까운 공동묘지에 매장한다. 단, 매장할 때에는 새 옷으로
   갈아입히지 말고, 입었던 옷 그대로 값싼 관에 넣어 최소 면적
   의 땅에 매장한다. 시체는 현장에서 100킬로미터 밖으로 운구
   하지 않는다. 현 거주지로부터 100킬로미터 밖에서 사망하였
   을 때는 가급적 현지에서 위의 방법으로 처리한다. 여행 도중
   바다나 강물에 익사하였을 때는 수장이라 생각하고, 시체를 찾
   지 말 것.

3) 죽은 지 1개월 후에 가족, 친척, 친구에게 사망 사실을 점차 알
   릴 것. 만일 매장이 되었을 경우에는 화장한 것과 같은 경우로

알고, 누구에게도 묘지의 소재지를 알리지 말 것. 화장을 하였을 때, 남은 재를 몽땅 버리고, 조금이라도 어떤 곳에 남겨 두지 말 것.

셋째, 죽은 후, 나의 유형 또는 무형의 재산이 있을 경우 신체장애자들, 특히 앞을 못 보는 장님들의 복지 사업을 위해 쓸 수 있도록 가족과 내가 법적으로 지명한 집행인과 협의하여 처분할 것."

공병우는 평소에 입버릇처럼 이렇게 말했다고 한다.

"내가 만든 안과 병원은 망해도 상관없습니다. 다른 안과 병원이 얼마든지 있지 않습니까. 그러나 세벌식 한글 기계는 절대로 망해선 안 됩니다. 그런데 이 중요한 사실을 정부에서 모르고, 도리어 천대를 하고 있으니 한글과 이 나라의 앞날이 걱정됩니다."

세벌식 자판

세벌식 자판은 공병우가 개발했다. 세벌식 자판의 특징은 속도가 빠르다는 점이다. 세벌식 타자기는 '속도 타자기'라 불릴 정도다. 하지만 약점이 있는데 글자 모양이 울퉁불퉁하다는 것. 1969년에 타자기 표준을 정할 때 글자 입력은 훨씬 느리고 복잡하지만 글자 모양이 예쁘다는 이유만으로 '네벌식 타자기'가 표준으로 정해진다. 그리고 컴퓨터가 보급되기 시작하면서 1982년에 두벌식 컴퓨터 자판이 표준으로 채택되고, 타자기 역시 1985년에 두벌식으로 표준 자판이 된다. 세벌식 자판은 글쇠 수가 두벌식보다 많지만, 1992년에 문화부에서 한글과 컴퓨터사에 연구를 의뢰하여 발표한 자료 〈한글 코드와 자판에 관한 기초 연구〉에 의하면 속도와 정확성, 과학성 등에서 다른 자판보다 우수한 것으로 입증된 바 있다. 오늘까지도 세벌식 자판은 표준으로 정해지지 못했지만, 뜻있는 프로그래머들의 노력으로 인해 '원도'나 '한글 워드프로세서' 등에서 지원이 되고 있다.

공병우

1906년	평안북도 벽동군 성남면 남성동에서 태어나다.
1926년	조선 의사 검정 시험에 합격하다.
1930년	경성 의학 전문학교 부속 병원 안과에서 근무하다.
1936년	일본 나고야 제국 대학에서 의학 박사 학위를 받다.
1938년	'공 안과 의원'을 개설하다.
1947년	한글 타자기 연구 개발을 시작하다.
1949년	고성능 한글 타자기를 처음으로 발명하다.
1950년	세벌식 '공 속도 한글 타자기'를 최초로 개발하고 이와 함께 '세벌식 글씨꼴'을 개발하다.
1965년	한국 '콘택트렌즈 연구소'를 설립하다.
1965년	한국 최초로 약시 검안을 위한 약시부를 신설하다.
1968년	한·영 겸용 타자기를 발명하다.
1968년	'공병우 타자기 연구소'를 설립하다.
1971년	'점자 한글 타자기'를 개발하다.
1972년	'한국 맹인 재활 센터'를 설립하여, 중도 실명자 재활 교육을 시키다.
1982년	'세벌식 한글 전동 타자기'를 개발하다.
1995년	신촌 세브란스 병원에서 세상을 떠나다.

11

소박한 마음을 잃지 않았던
무소유의 성자

권정생

"그 조그만 방은
글을 쓸 수 있고
아이들과 자주 만날 수 있는
장소였다."

경북 안동시 일직면 조탑리, 권정생이 살던 다섯 평의 흙집에
마을 사람과 기자들이 몰렸다.

그러나 어찌된 일인지 권정생은 방문을 안으로 걸어 잠그고
아무도 만나려 들지 않았다.
며칠 전 그는 1995년 '제22회 새싹 문학상' 수상자로 결정되었다.
시상식에 참석해 달라는 부탁도 권정생은 거절했다.
결국 아동 문학의 아버지라 불리는 여든다섯 살의

윤석중이 권정생을 몸소 찾아와 묻는다.

"권 선생이 고집을 부리는 바람에 내가 이렇게 왔습니다.
대체 왜 그러는지 이유나 들어 봅시다."

권정생의 대답은 이랬다.

"저는 상을 받으려고 동화를 쓴 것이 아닙니다.
아직도 이 땅의 어린이들에게 진정한 아름다움과
사랑을 심어 주지 못했다는 생각에
하루하루 부끄럽고 죄스러울 뿐입니다.
우리의 아동 문학이 과연 아이들을 위해
어떤 일을 했기에 이런 상을 줄 수 있고
또 받을 수 있다는 말입니까?"

권정생은 아예 아동 문학상을 없애야 한다고 주장했다. 모두가 낮은 자세로 상도 벌도 주고받지 않는 마음으로 노력해야 한다는 생각에서였다. 결국 윤석중은 상패를 놓고 돌아간다. 윤석중과 일행이 돌아간 뒤 그는 며칠을 고민하다가 결국 상패와 상금을 우편을 통해 되돌려 준다. 어린이에 대한 관심은 물질적 보상을 바라는 마음이나 명예를 추구하는 마음에 있지 않다는 것을 분명히 하자는 뜻이었다.

권정생은 욕심이 없는 사람이었다.
말로만 그런 사람이 아니라
행동과 실천으로 욕심이 없는 삶을 살았던 사람이었다.
욕심이 없는 권정생의 면모를 잘 보여 주는 일화를 들어 보자.

2003년 문화 방송(MBC)의 프로그램 '느낌표'에서
그의 산문을 묶은 《우리들의 하느님》을 추천했다.
그러나 책을 쓴 권정생은 선정을 거부했다.
그 프로그램에 책이 선정되기만 하여도
수십만 부 이상이 팔리는 베스트셀러가 될 수 있는
가능성을 거부한 것이다.

> "아이들이 자라나는 과정에서
> 가장 행복한 시간이 도서관이나 책방에 가서
> 혼자 책을 고르는 순간인데,
> 그걸 왜 방송에서 강요하느냐?"

아이들 스스로 책을 고르게 해야지 방송에서 책이 좋으니 어떠니
떠들어선 안 된다는 것이 그의 고집이었다. '돈'이면 그만이라는
생각에 보기 좋게 한 방을 먹인 셈이다.

권정생은 1937년 도쿄에서 5남 2녀 중 넷째로 태어났다. 어릴 적
이름은 '경수'였다. 그의 아버지 권유술은 권정생이 인생의 절반
이상을 보낸 조탑리로부터 20리 정도 떨어진 곳에서 태어났다.

가파른 바위산과 절벽으로 이루어진 궁벽한 곳이었다. 그의 아버지는 1929년 일본으로 돈을 벌기 위해 갔다. 어떻게든 가난을 면하자는 생각에서였다.

해방이 되자 권정생은 외가가 있는 청송 화목으로 귀국하게 된다. 해방은 되었지만 가난은 여전했다. 생계를 책임졌던 어머니는 여름에는 약초를 캐고, 겨울에는 자루 하나를 메고 동냥을 나가는 생활을 이어 갔다. 어머니가 열흘씩 돌아오지 않으면 권정생은 누나와 동생 셋이서 호밀 가루로 끓인 죽을 먹으며 기다릴 수밖에 없었다. 안동에서 소작 일을 하고 있는 아버지를 따라 그는 다시 안동 일직 초등학교로 가게 된다.

일본에서와 마찬가지로 권정생은 공부도 잘했고 책읽기도 좋아했다. 안동에서 권정생은 누나들과 함께 교회에 나가기 시작한다. 배고픔을 견뎌야 했던 가난 속에서도 그는 조금씩 신앙에 눈을 뜬다.

열세 살 때인 1950년, 6·25 전쟁이 발발하자 가족이 모두 뿔뿔이 헤어지는 아픔을 겪는다. 전쟁이 끝나고 초등학교를 졸업한 권정생은 돈을 벌기 위해 부산으로 갈 것을 결심한다. 부산으로 걸어가다 배고픔과 피로에 지친 권정생은 정신을 잃고 만다. 눈을 떠보니 한 중년 아저씨가 그를 바라보고 있었다. 부산에 피난을 와서 재봉틀 가게를 하는 아저씨였다. 그는 아저씨 가게의 점원이 된다.

전쟁 통에 재봉틀 가게 점원이 되어 일하면서 두 친구를 알게 된다. 그의 동화 〈별똥별〉에 등장하는 오기훈과 최명자가 그들이었다. 기훈은 이북 피난민이었고, 명자는 전쟁고아였다. 권정생은 용돈이 생기면 기훈과 함께 '계몽 서점'이란 헌책방에서 책을 빌려다 보는 것을 낙으로 삼았다. 명자는 찬송가와 성경을 그에게 주며 교회에 나가도록 권유했다. 그러나 교통사고를 당한 기훈은 자살했고, 명자는 서울로 떠나 몸을 파는 여자가 되었다. 슬픔과 고독이 그를 엄습했다. 더구나 열아홉 살이 되던 1956년 폐결핵이 그를 찾아왔다. 거기다가 늑막염까지 겹쳤다. 친구의 자살과 건강의 악화로 권정생의 몸과 마음은 극도로 피폐해져 갔다.

꼼짝도 할 수 없는 상태에서도
권정생은 책을 읽고 글을 썼다.

자꾸 무너져 가는 자신에게 용기를 주기 위해서였다.
병마와 1년 남짓 싸우다 지친 권정생은
1957년 어머니의 손에 이끌려 다시 안동으로 돌아오게 된다.
하지만 약조차 변변하게 지을 수 없는 가난 때문에
그의 병은 갈수록 깊어 간다.
그 당시에는 많은 사람들이 영양 부족으로
폐결핵에 걸려 신음하던 때였다.
점점 온몸으로 결핵이 퍼지는 모습과
자신 때문에 지친 부모님을 보며
권정생은 차라리 죽게 해 달라고 기도하기도 했다.

그러나 개구리 수천 마리를 달여 먹일 정도로
그를 위해 헌신적이었던 어머니의 정성으로 병은 점점 사라졌다.
그리고 1963년, 그가 다니던 교회의 교사로 임명된다.
그의 나이 스물여섯 살 때의 일이다.

가난하지만 생활의 안정이 찾아왔다.
이때부터 그는 희망을 가지고 성경을 읽고 또 읽었다.
하지만 1964년 늦가을,
어머니는 병석에 누운 지 6개월 만에 세상을 떠났다.

스물여덟 살 때, 그는 동생에게 받은 50원으로 기도원에 들어가
나병 환자들과 생활을 하기도 했지만 열흘 만에 나온다. 남은 돈
으로 깡통과 성냥 한 통을 사서 석 달 동안 거지 생활을 한다. 이
때 대구, 김천, 상주, 점촌 등지를 떠돌았다고 한다.

혹독한 밑바닥 생활이었다. 고통 속에서 쓰러져 잠들면 꿈에 어머
니가 나타났다. 4개월 동안의 거지 생활은 사람의 인정을 느끼게
해 준 시간이기도 했다.

상주의 어떤 노부부는 열흘을 매일 찾아가도 인상 한 번 찡그리지
않고 권정생의 깡통에 먹을 것을 담아 주었다. 훗날 권정생은 그
노부부를 생각하며 단편집 《복사꽃 외딴집》을 쓴다. 쓰라린 체험
속에서 느꼈던 모든 것들이 권정생 동화의 밑바탕이 된 것이다.

스물아홉 살, 고향에 돌아온 그는 신장과 방광을 들어내는 수술을 받는다. 남은 신장도 온전하지 못하여 고무호스를 방광에 삽입해 소변을 받아 내야 했다. 의사는 2년밖에 살지 못할 거라고 했다. 하지만 그는 살아남았다. 그리고 서른한 살이 되던 1968년부터 '일직 교회' 문간방에 터를 잡게 된다.

비로소 그에게도 정착 생활이 시작된 것이다. 이 일직 교회 문간방에서 권정생은 종지기로 16년을 일하면서 보석과도 같은 작품들을 쓴다. 권정생은 교회 문간방을 다음과 같이 회고했다.

"서향으로 지어진 예배당 부속 건물의 토담집은 겨울에는 춥고 여름에는 더웠다. 외풍이 심해 겨울에는 귀에 동상이 걸렸다가 봄이 되면 낫곤 했다. 그래도 그 조그만 방은 글을 쓸 수 있고 아이들과 자주 만날 수 있는 장소였다. 여름에 소나기가 쏟아지면서 창호지 문에 빗발이 쳐서 구멍이 뚫리고 개구리들이 그 구멍으로 뛰어 들어와 꽥꽥 울었다. 겨울이면 생쥐들이 와서 이불 속에 들어와 잤다. 자다 보면 발가락을 깨물기도 하고 옷 속으로 비집고 들어와 겨드랑이까지 파고들었다. 처음 몇 번은 놀라기도 하고 귀찮기도 했지만 지내다 보니 그것들과 정이 들어 아예 발치에다 먹을 것을 놓아 주고 기다렸다."

거처가 생기고 점차 생활이 나아졌지만 권정생은 스스로를 거지라고 생각했다. 부자가 먹고 남은 찌꺼기를 먹던 성경 속의 나사로처럼 그는 겸손함과 소박함을 잃지 않았다. 그는 성하지 못한 몸으로 검소한 생활을 하면서 동화를 썼다. 《강아지 똥》을 쓸 때의 이야기를 들어 보자.

"원고지의 앞면, 뒷면을 메워 가면서
열에 들뜬 모습으로 써 나갔다.
아침에 보리쌀 두 홉을 냄비에 끓여
숟가락으로 세 등분 금을 그어 놓고
저녁까지 나눠 먹었다.
《강아지 똥》은 그런 50일간의 고통 끝에
완성된 책이다."

누구도 관심을 갖지 않던 더러운 강아지 똥이 민들레의 거름이 되어 꽃을 피운다는 감동적인 내용이었다. 남들은 더럽다고 피하는 것에서 그는 아름다운 이야기를 길어 낸 것이다.

그는 이 작품으로 '제1회 기독교 아동 문학상'을 수상한다. 그의 본격적인 글쓰기는 이때부터 시작된다. 1971년 대구 매일 신춘문예에 동화 〈아기 양의 그림자 딸랑이〉가 입선, 1973년 조선일보 신춘문예에 동화 〈무명 저고리와 엄마〉가 당선되었다. 이후 그는 아동 문학가인 이오덕과 교류하면서 《몽실 언니》 같은 기념비적인 작품들을 남긴다.

그의 동화에 등장하는 사람들은
하나같이 가난하고 슬픈 사람들이다.
하지만 그들은 비참함 속에서도 결코 희망을
잃지 않는다.
권정생은 스스로 가난하고 슬픈 사람들과 함께했다.

그는 "가난한 자에게 필요한 것은 그 가난한 자 곁에서
함께 가난해지는 것이다."라고 그의 산문에서 말한 바 있다.
가난하게 사는 것, 그것이 올바른 삶이라고 그는 생각했다.

그는 일체 꾸밈이 없었다.
방 안은 책만 가득했다.
냉장고도 없었고, 세탁기도 없었다.
《강아지 똥》과 《몽실 언니》가 각각 수십만 부 넘게
팔리는 성공을 거뒀지만
흙집에서의 소박한 삶을 계속했다.
자기 몫 이상을 쓰는 것은
남의 것을 뺏는 것이라는 생각에서였다.

2007년 그는 친하게 지내던 정호경 신부에게 다음과 같은 편지를 쓴다.

> "하느님께 기도해 주세요.
> 제발 이 세상, 너무도 아름다운 세상에,
> 사람이 사람을 죽이는 일은 없게 해 달라고요.
> 제 예금 통장 다 정리되면
> 나머지는 북쪽 굶주리는 아이들에게 보내 주세요.
> 제발 그만 싸우고, 그만 미워하고,
> 따뜻하게 통일이 되어 함께 살도록 해 주십시오.
> 중동, 아프리카 그리고 티베트 아이들은
> 앞으로 어떻게 하지요…."

2007년 5월 17일 70세의 나이로
권정생은 영원히 눈을 감는다.
더 이상 고통이 없는 곳, 배고픔이 없는 곳,
분단의 갈등도 없는 곳으로 갔다.
가난과 병으로 일그러진 삶이었지만
그의 삶은 '강아지 똥'처럼 생명과 희망을 주는 삶이었다.

그의 유언장을 보자.
글은 곧 사람이라고 했던가.
그의 소박하고 따뜻한 성품이 묻어난다.

내가 죽은 뒤에 다음 세 사람에게 부탁하노라.

1. 최완택 목사 민들레 교회

   이 사람은 술을 마시고 돼지 죽통에 오줌을 눈 적은 있지만 심
   성이 착한 사람이다.

2. 정호경 신부 봉화군 명호면 비나리

   이 사람은 잔소리가 심하지만 신부이고 정직하기 때문에 믿을
   만하다.

3. 박연철 변호사

   이 사람은 민주 변호사로 알려졌지만 어려운 사람과 함께 살려
   고 애쓰는 보통 사람이다. 우리 집에도 두세 번쯤 다녀갔다. 나
   는 대접 한 번 못했다.

위 세 사람은 내가 쓴 모든 저작물을 함께 잘 관리해 주기를 바란
다. 내가 쓴 모든 책은 주로 어린이들이 사서 읽는 것이니 여기서
나오는 인세를 어린이에게 되돌려 주는 것이 마땅할 것이다. 만약
에 관리하기 귀찮으면 한겨레 신문사에서 하고 있는 '남북 어린이
어깨동무'에 맡기면 된다. 맡겨 놓고 뒤에서 보살피면 될 것이다.
유언장이란 것은 아주 훌륭한 사람만 쓰는 줄 알았는데 나 같은
사람도 이렇게 유언을 한다는 게 쑥스럽다. 앞으로 언제 죽을지는
모르지만 좀 낭만적으로 죽었으면 좋겠다.
하지만 나도 전에 우리 집 개가 죽었을 때처럼 헐떡헐떡거리다가
숨이 꼴깍 넘어가겠지. 눈은 감은 듯 뜬 듯하고 입은 멍청하게 반
쯤 벌리고 바보같이 죽을 것이다. 요즘 와서 화를 잘 내는 걸 보니

천사처럼 죽는 것은 글렀다고 본다. 그러니 숨이 지는 대로 화장을 해서 여기저기 뿌려 주기 바란다.

형식도 제대로 못 갖추고 횡설수설했지만 이건 나 권정생이 쓴 것이 분명하다. 죽으면 아픈 것도 슬픈 것도 외로운 것도 끝이다. 웃는 것도 화내는 것도. 그러니 용감하게 죽겠다.

만약에 죽은 뒤 다시 환생을 할 수 있다면 건강한 남자로 태어나고 싶다. 태어나서 25살 때 22살이나 23살쯤 되는 아가씨와 연애를 하고 싶다. 벌벌 떨지 않고 잘할 것이다.

하지만 다시 환생했을 때도 세상엔 얼간이 같은 폭군 지도자가 있을 테고 여전히 전쟁을 할지 모른다. 그렇다면 환생은 생각해 봐서 그만둘 수도 있다.

2005년 5월 1일 쓴 사람 권정생

《강아지 똥》은 1969년, 권정생이 쓴 단편 동화다. 권정생은 《강아지 똥》으로 같은 해에 월간 〈기독교 교육〉에서 주는 제1회 아동 문학상을 받았다. 1996년 동화책으로 발간되어 널리 알려졌으며, 애니메이션 제작사인 아이타스카에서 클레이 애니메이션으로도 제작했다. 또한, 현재 중학교 국어 교과서에 일부분이 소개되어 있다. 《강아지 똥》은 세상 가장 낮은 자리에 있는 강아지 똥조차 꽃을 피워 내는 자기만의 귀한 몫이 있음을 보여 주면서 이 세상 누구도 쓸모없는 사람은 없다는 귀한 가르침을 전해 준다.

권정생

1937년 일본 도쿄에서 가난한 헌옷 장수의 넷째 아이로 태어남.

1946년 해방 후 귀국했지만 생활고로 가족이 뿔뿔이 흩어짐.

1947년 고생 끝에 다시 가족들이 안동으로 모임.

1950년 한국 전쟁으로 가족들과 헤어진 채 떠돌이 생활을 하다 고향으로 돌아옴.

1953년 초등학교 졸업 후 중학교 진학이 어려워지자 고학을 하려고
          혼자 부산으로 떠남.

1956년 늑막염과 폐결핵에 걸려 고통스러운 나날이 시작됨.

1965년 집안 사정으로 대구와 김천, 상주, 점촌, 문경, 예천 등을 떠돌며
          거지 생활을 함.

1966년 방광과 한쪽 신장을 드러내는 수술을 함.

1967년 평소 다니던 조탑리의 일직 교회 문간방으로 거처를 옮겨 종지기로
          일하면서 본격적으로 글을 쓰기 시작.

1969년 월간 〈기독교 교육〉에 동화 〈강아지 똥〉 당선.

1971년 매일신문 신춘문예에 동화 〈아기 양의 그림자 딸랑이〉 입선.

1973년 조선일보 신춘문예에 〈무명 저고리와 엄마〉 당선.

1969년 기독교 아동 문학상 수상.

1975년 한국 아동 문학상 수상.

1995년 새싹 문학상 수상.

2007년 5월 17일 영면.

12

생명을 구하기 위해
명성과 이익을 뿌리친 큰 의사

노먼 베쑨

"내가 수술하지 않으면
저 아이는 죽어."

노먼 베쑨은 1890년 캐나다 온타리오 주 그레이븐 허스트에서 목사인 아버지 말콤 니콜슨 베쑨과 어머니 엘리자베스 앤 굿윈 사이의 장남으로 출생했다. 그의 어린 시절은 평범했다. 하지만 한번 해야겠다고 생각한 일은 꼭 해내고야 마는 집념이 그에겐 있었다. 외과 의사였던 할아버지를 존경했던 그는 의학에 관심이 많았다.

그는 성장하자 토론토 대학 의학부에 입학한다. 제1차 세계 대전이 발발하고 1915년 캐나다가 참전을 선언한 바로 그날, 베쑨도 캐나다 육군에 입대하여 제1 사단 야전 병원에서 복무하였고 바로 프랑스의 전장으로 파병되었다. 그는 이프레스에서 독일군의 포탄 파편에 맞아 부상을 입고 영국군 병원에서 치료받지만 결국 캐나다로 송환된다. 이후 그는 의과 대학을 마친다.

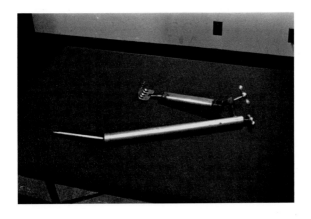

그가 경험한 전쟁은

　　그가 생각했던 전쟁이 아니었다.

정의는 온데간데없고 살육만이 난무했다.

허무와 좌절의 시간이었다.

살육의 현장에서 속수무책으로 지켜볼 수밖에 없었다는 사실이
줄곧 그를 괴롭혔다. 이런 치욕을 씻기 위해서는 새로운 결단이
필요했다.

결국 그는 영국 해군으로 다시 입대했다가 전쟁이 끝나자 프랑스
비행단에서 제대한다. 세계 대전이 끝난 후 런던의 병원에 근무하
면서 큰돈을 벌어, 방탕한 생활을 하기도 한다. "나는 삶에 대해
서나 죽음에 대해서나 아무런 목적도 갖지 못한 채 불빛을 향해
맹목적으로 돌진하는, 그리하여 어리석게도 무작정 그 주위를 돌
고 도는 한 마리 나비와 같은 존재였다"라고 당시를 회상했다.

런던에 있을 때 만난 명문가의 딸, 프
란시스 캠벨 패니와 결혼을 한 그는 유
럽에 눌러앉아 방탕한 생활을 한다. 삶
에 아무런 목적도 없는 시절이었다. 그
는 빈털터리가 되자 미국 디트로이트
로 돌아와 병원을 개업한다. 외과 의사
로서 실력을 인정받아 베쑨의 생활은
풍족해진다.

자동차 산업으로 나날이 발전하던 디
트로이트 중심에 자리 잡은 베쑨은 그
곳에서 한 가지 사실을 깨닫게 된다. 디
트로이트에서 그의 의료를 가장 필요
로 하는 사람들은 그 누구도 아닌 가난한 사람이라는 사실을.

그 당시 그는 친구에게 이런 말을 한다.

"한 푼도 받지 않고 누군가의 생명을 구했다면 의사로
서 실패한 삶이 되고, 어떤 부인네한테 운동만 좀 하면
될 증세에 대해 강장제 한 첩을 조제해 주고 그 약값을
엄청나게 받았다면 그건 성공이 된다는 말일세."

치료를 필요로 하는 사람에게는 정작 의료 혜택이 돌아가지 않고,
오직 의사의 주머니를 배부르게 하는 현실에 대한 한탄이었다.

일에 대한 열정이 남달랐던
그는 과로한 탓에 결핵을 얻게 된다.
사경을 헤매던 그는 자신의 생을 마감할 생각을 하고
결핵 요양원에 입원한다.

그러나 그곳은 그에게 죽음의 장소가 아니었다. 죽을 날을 달력에
표시해 두고 절망적인 심정으로 술과 담배에 몸을 맡기던 그는 존
알렉산더가 쓴 '폐결핵 수술'을 읽으며 인공 기흉술이 결핵을 완
치시킬 수 있다는 내용을 접한다.

그는 위험을 무릅쓰고 수술을 요청한다.
수술은 성공적이었다.
죽을 고비를 넘긴 그는 퇴원 후 스스로에게 맹세한다.

"다시는 메스를 들면서 그 어떠한 생명도 단순한 유기
체로 취급하지 않으리라. 사람은 꿈을 가진 존재이다.
이제부터 나의 칼은 육체와 꿈을 동시에 구하리라."

사람의 몸만을 치료하는 의사가 아니라
환자의 마음과 영혼까지 치료하겠다는 결심이었다.
더 이상 그는
과거의 베쑨이
아니었다.

그는 의욕적으로 의사 생활에 몰두했다. 늑골 절단기, 기계 팔 등 결핵 수술이나 흉부 외과 수술에 필요한 많은 기구들을 고안해 내었다. 그의 명성은 높아져 연방 정부, 지방 정부, 보건성의 자문 위원으로 위촉되었다.

그는 의사로서 명성을 쌓아 가면서 하나의 사실을 절감하게 된다. 아무리 의사가 훌륭한 업적을 쌓더라도 환자가 줄지 않는 것은 가난 때문이라는 사실을.

> 의사는 한 명의 환자를 고치지만
> 가난은 열 명의 환자를 만들어 냈다.

"부자들의 결핵과 가난한 자들의 결핵은 따로 있다. 부자들은 회복되지만 가난뱅이들은 죽음을 면치 못한다."라는 것이 그의 생각이었다.

그는 사람은 누구나 치료받을 권리가 있다고 생각했다.
그러나 의료 서비스는 아무나 살 수 있는 것이 아니었다.
부자는 얼마든지 병을 고칠 수 있지만
가난한 사람은 병이 들어도 의료 서비스를 받을 수가 없었다.
그는 '가게의 통조림처럼 몇 달러로 거래되는'
의료 행태에 대해 분통을 터뜨렸다.
몸이 아픈 자는 치료받을 수 있어야 한다는 것이
그의 생각이었다.

이런 생각을 가지고 있던 그에게 사건이 터졌다.
거리에서 시위대와 기마경찰이 충돌했다.

"우리 아이에게 우유를 달라.
나의 아내에게 빵을 달라."

여러 구호가 적힌 플래카드를 들고 전진하던 시위대를 향해
기마경찰의 진압이 시작되자, 부상자들이 속출했다.
이 광경을 본 베쑨은 다음 날 몬트리올 실업자 협회를 찾아가
남녀노소를 불문하고 다친 사람들을 보내 주면
무료로 치료해 주겠다고 제안한다.

• 가난한 사람의 친구를 자처한 노먼 베쑨

이후 그는 국민들에게 적절한 의료 혜택을 주기 위해
'몬트리올 국민 보건 그룹'이란 단체를 만든다.
그는 보건은 개인의 문제가 아니라
공공의 문제, 즉 국가가 해결해야 할 문제라고 보았고,
국민 보건을 위해 공공 기금이 활용되어야 한다고 보았으며,
돈이 있든 없든 치료가 필요한 사람은 모두가
치료를 받아야 한다고 생각했다.

그것은 생각만으로 그치지 않았다. 그는 내전 중인 스페인에 파견
할 의료대를 맡아 달라는 부탁을 받는다. 베쑨은 고민에 빠진다.
이미 세계적 명성을 얻어 안락과 부를 누리고 있는 그로서는 그
모든 것을 버려야 할 처지에 온 것이다. 베쑨은 안락함을 버리고
위험 속으로 뛰어든다. 스페인 내전의 한가운데로.

• 스페인 내전

1936년 11월 3일, 포격이 한창이던 마드리드에서 그는 세계 최초로 '기동 수혈대'를 만들어 부상병들을 치료한다.

그의 수혈 활동으로 부상자들의 사망률은 현저히 감소했다. 당시 프랑코 군대는 히틀러의 독일과 무솔리니의 이탈리아로부터 충분한 무기를 공급받았다. 그러나 공화군은 아무런 도움도 받지 못하는 처지에서 외롭게 독재 세력에 저항했다.

영국, 프랑스, 미국은 통상 금지 조치를 내린 채 방관만 하고 있었다. 공화국 측은 베쑨에게 문제 해결을 부탁한다. 그는 스페인이 처한 상황을 알려야겠다는 생각으로 캐나다로 귀국한다. 대대적으로 환영하는 군중들을 향해 그는 외쳤다.

> "파시스트들의 침략을 막기 위해
> 시민들이 어떻게 싸우고 있는지,
> 프랑코 군대에 의해 얼마나 많은 사람들이
> 죽어가고 있는지 알고 있습니까?
> 우리는 유럽 열강들의 통상 금지 조치로
> 얼마나 많은 도시들이 폐허로 변하고,
> 얼마나 많은 사람들이
> 목숨을 잃고 있는지 알아야 합니다."

많은 사람들이 그의 웅변에 눈물을 흘리며 박수를 보냈다.
한 사람의 목소리가 정의를 움직인 것이다.

그 후 일본이 중국의 도시들을 폭격했다는 소식을 접했을 때,
베쑨은 스페인을 떠올린다.
폭음과 비명 속에서 죽어 가는 부상자들의 모습을 떠올린다.

결국 그는 죽어 가는 사람들, 치료를 기다리는 사람들이 있는 곳
에는 반드시 의사가 있어야 한다는 생각으로 중국행을 결심한다.
마음먹은 것은 반드시 행하는 그였다.

그는 1938년 1월 20일 홍콩에 도착하여, 중국의 항일 투쟁 본거
지로 향했다. 그는 그곳에서 마오쩌둥을 만나 부상병 치료를 위한
지원을 약속받고 의무대를 꾸려 전선으로 들어갔다. 그가 들어간
곳은 일본군으로부터 완전히 고립되어 있던 곳이었다.

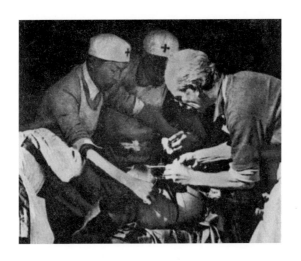

그는 초인적인 의료 활동을 벌인다. 일본군과 유격대원들이 끊임없이 전투를 벌이는 곳에서 하루 18시간씩 일하면서 면도하는 것도 포기했다. 당시에 그는 일기에 이렇게 썼다.

> "몸은 몹시 피곤하다.
> 그러나 이렇게 행복했던 적이 내게 있었던가?
> 나는 지금 얼마나 부자인가.
> 매순간 활기차게 일하는 데다
> 모두들 나를 필요로 하고 있지 않은가.
> 그 이상 무엇을 바란단 말인가?"

그는 헌혈하기를 두려워하는 중국인들 앞에서 직접 자신의 피를 뽑았다. 그는 부상병 치료뿐만 아니라 중국의 공중 보건과 의료 시설 개선에도 힘썼고, 자신의 의술을 많은 중국인에게 가르치고 베풀었다. 또한 그는 중국의 실상을 세계에 알리고 의약품 등 원조를 요청했다.

그가 설립을 추진하던 병원이 완공되던 날 중국인들은 이런 플래카드를 걸고 축제 분위기를 연출했다.

"베쑨 선생은 우리들의 교사. 베쑨 선생은 우리들의 동료 투사. 베쑨 선생은 우리들의 의료 고문. 베쑨 선생은 우리들의 의사. 베쑨 선생은 우리들의 친구. 베쑨 선생은 우리들의 모범. 베쑨 선생은 영원한 동지!"

그는 40시간 동안 한잠도 자지 않고 70건의 수술을 하기도 했다. 조금만 쉬라는 동료들의 권유에 그는 화를 내며 말했다.

"내가 수술하지 않으면 저 아이는 죽어."

포탄이 터지며 담벼락이 무너지는 동안에도 그는 수술을 했다. 그의 뒤에는 왕이라는 조수가 서 있었다. 베쑨이 왕에게 거기서 뭘 하고 있느냐고 물었을 때, 왕은 대답했다.

"저는 선생님의 안전을 보살피라는 명령을 받았습니다. 만약 선생님이 포탄을 맞는다면 저도 함께 날아가 버릴 것입니다. 선생님이 위험한 곳에 계시는데 저만 안전한 곳에 있을 수는 없지 않습니까?"

베쑨은 환자의 목숨을 구하기 위해 자신의 목숨이 위태롭다는 사실조차 망각했던 것이다. 중국인들은 그런 그를 진심으로 존경했다.

일본군과 장제스 군대에 의해 마오쩌둥 군대가 물자 부족으로 고전을 면치 못하자 베쑨은 스페인에서처럼 자신이 직접 고국으로 돌아가 지원을 요청하고 물품들을 가져올 생각을 한다. 그러나 일은 계획대로 되지 않았다.

그가 떠나기로 되어 있던 1939년 10월에 일본군이 개전 이래 최대의 공격을 감행한다는 소식이 들려왔다. 그는 부대원들을 이끌고 전투지로 떠났다. 일본군이 5분 거리에 올 때까지 그는 마지막 부상병의 수술을 마치고 퇴각했다. 바로 그 순간, 그만 수술칼에 손가락을 베고 말았다. 간단한 의약품으로 치료할 수 있는 감염이었는데 패혈증으로 악화되어 결국 1939년, 마흔아홉 살의 아까운 나이로 죽음을 맞이했다.

그는 자신을 필요로 하는 곳이면 어느 곳이든 달려갔던,
의사이기 이전에 큰사람이었다.
이익을 좇지 않고 자신을 희생할 줄 알았던 노먼 베쑨,
베쑨의 죽음 앞에서 마오쩌둥은 그의 동료들에게 말했다.

"우리는 한 인간의 서거 이상의 것을 통곡합니다."

스페인 내전

스페인 내전(Guerra Civil Espanola)은 스페인 제2 공화국 정부와 군부, 가톨릭교회로 대표되는
보수파 사이에 벌어졌던 내전으로 '에스파냐 내란'이라고도 한다. 모로코에서 프랑코 장군
이 이끈 쿠데타로 시작되어 1936년 7월 17일부터 1939년 4월 1일까지 스페인을 초토화시켰
으며, 결국 프랑코가 이끄는 반란군 측의 승리로 끝났다. 공화국 정부군은 소비에트 연방과
멕시코의 지원을 받았고, '민주 공화국 스페인'을 지원하기 위하여 전 세계에서 달려온 의
용병들로 구성된 국제 여단이 큰 활약을 했다.

노먼 베쑨

1890년   캐나다 온타리오 주에서 출생.

1914년   캐나다 육군에 자원입대해 제1차 세계 대전 참전.

1915년   토론토 대학교 의학부 졸업.

1918년   캐나다 비행단으로 전출, 의무 장교로 근무.

1924년   미국 디트로이트에 병원 개업.

1926년   결핵이 발병해 요양소 입원.

1927년   결핵에서 회복됨.

1935년   러시아 방문하여 사회주의 의료 제도를 둘러봄.

1936년   북미 스페인 민주주의 위원회가 파견하는 의료 지원단을 이끌고
　　　　　스페인으로 감. 이동식 혈액은행을 설립하여 전시의 의료 분야를 개척함.

1938년   중국 의료 봉사대에 자원함. 중국 민중의 영웅으로 추앙받음.

1939년   수술 중 감염에 의한 패혈증으로 사망.

13

비극을 이겨 낸
철부지 할아버지
채규철

"용서하시오.
그리고 잊으시오."

잠깐만이라도 얼굴에 화상을 입은

안면부 화상 환자가 되었다고 생각해 보자.

도저히 내 얼굴이라고 믿고 싶지 않은 얼굴이 거울 속에 있다.

머리칼은 듬성듬성하다.

손과 발은 오그라들었다.

눈과 입술은 일그러졌고, 코는 뭉개졌다.

귀는 양초처럼 녹아내렸다.

도저히 사람의 얼굴로 볼 수 없다.

밖에 나가면 사람들이 마치 외계인을 대하듯 한다.

식당에 들어가면 식당 주인은

몹쓸 사람이라도 들어온 양 쫓아낸다.

밥 한 그릇 마음대로 먹을 수 없다.

버스를 타면 사람들은 벌레라도 본 듯 슬금슬금 피한다.

심지어는 나를 바라보는 가족들의 시선마저 옛날 같지 않다.

이 세상에 나 혼자뿐이라는
무서운 고독이 엄습할 것이다.
세상 누구도 만나기 두려워 혼자
외로움의 시간을 견뎌야 할 것이다.

이런 절망적인 상황에서 사람들은 죽음을 생각한다.
이 세상을 영원히 떠나고 싶다는 생각을 할 것이다.
그러나 꿋꿋하고 늠름하게 살아온 사람이 있다.

'ET 할아버지'로 알려진 채규철이 바로 그다

그의 흉측한 몰골을 보며 아이들은 'ET'와 비슷하다고 'ET 할아
버지'로 불렀다. 그러나 그는 화내지 않았다. 스스로도 '이미 타 버
린 사람'이라며 자신을 'ET'로 불렀다. 그러나 흉측한 모습은 그
저 외면에 불과했다. 그의 망가진 얼굴 뒤에는 자연과 인간을 사
랑하는 뜨거운 사랑이 숨어 있었다.

채규철은 화상으로 얼굴이 일
그러지기 전까지는 잘생긴 외
모를 가지고 있었다. 또한 똑똑
하고 신념 굳은 청년이었다. 그
는 1937년 함경도 함흥에서 목
사의 아들로 태어났다. 초등학
교를 함흥에서 마친 후 6 · 25
전쟁이 나자 남녘으로 내려와
포로수용소가 있던 거제에서
중학교를 졸업하고, 장승포에 있는 거제 고등학교를 1년 동안 다
니다가 서울의 대광 고등학교를 나왔다. 그는 천막 교회 한쪽 귀
퉁이에서 쪼그리고 새우잠을 자며 어렵게 공부해, 서울 시립 농
업 대학교 수의학과에 들어가 열심히 공부했다. 대학을 졸업한
1961년에 충남 홍성군 홍동면 팔괘리에 있는 풀무 학원에서 교사
생활을 시작했다. 학교에 가지 못하는 곤궁한 아이들을 위해 농업
을 가르치는 고등 공민학교였다. 아이들은 학비 대신 보리 한 가
마, 배 한 광주리를 내고 공부를 했다.

> "애들이 주말이면 거름 만들 똥 퍼서 지게에 담고 다녀.
> 그걸 보고 옆 학교에 다니는 애들이 '똥통 학교'라 놀려댔지.
> 배우고 싶어 두 눈이 반짝반짝 빛나던 녀석들,
> 고 맑은 녀석들이 내게는 선생님이었어."

채규철은 당시를 이렇게 회상했다. 바로 이 똥통 학교에서 채규철
은 두 명의 여인을 만난다. 첫 번째 아내인 조성례. 원래 서울에 살

고 있는 그녀를 풀무 학교 가정 교사로 부른 이는 채규철이었다. 그녀는 채규철이 불의의 사고를 당했을 때 지극한 정성으로 그를 돌본다. 그러나 폐결핵으로 몸이 허약해진 그녀는 2년간 병수발을 하다 먼저 하늘나라로 가고 만다. 진석이와 광석이, 두 어린 아들을 남겨둔 채 다시 돌아올 수 없는 곳으로 떠났다.

이때 채규철의 집에는 이 두 아들을 돌보던 여자가 있었다. 풀무 학교의 제자인 유정희였다. 그녀는 두 아이가 마음에 걸렸다. 더구나 존경하는 선생님을 절망적인 상황 속에 내버려 두고 도저히 떠날 수가 없었다. 그녀는 채규철과 두 아이를 영원히 지켜 주리라 결심한다. 결국 그녀는 채규철의 평생 반려자가 된다.

사고가 나기 전 그는 풀무 학교에서 5년 동안 농촌 운동을 한다. 그는 이 시절을 이렇게 회고했다.

> "지금 생각하면 풀무 학교에서 5년간 한
> 교사 생활이 내 인생에서 가장 행복했던 시기였다.
> 어려운 살림이었지만 아이들을 가르치는 일에
> 보람을 느꼈고, 신혼의 달콤한 행복이
> 무럭무럭 피어나던 때였다.
> 첫 아이를 얻은 것도 풀무 학교에서였다."

풀무 학교에서의 생활이 안정되어 가던 무렵 그는 덴마크에서 공부하고 있던 대학 후배, 유병환으로부터 편지 한 통을 받는다. 규철을 덴마크 정부에서 운영하는 프로그램에 장학생으로 추천하였는데, 그것이 통과되었다는 소식을 전하고 있었다. 덴마크 유학은 채규철에게 꿈만 같은 일이었다. 그는 덴마크 외무부 산하에

있는 개발 도상 국가 기술 협력처의 초청을 받아 국비 장학생으로
1년 동안 덴마크 하슬레브 대학에서 공부하게 된다.

덴마크의 교육 환경은 그에게 많은 감동과 충격을 주었다.
그중에서도 채규철의 눈을 번쩍 뜨게 한 것은
협동조합과 의료 보험 조합이었다.
덴마크인들은 협동조합과 의료 보험 조합을 통해
돈을 융통해서 썼고, 몸이 아프면 치료비를 걱정하지 않고
의료 혜택을 받을 수 있었다.
흉년에는 끼니 걱정을 해야 하고,
돈이 없으면 치료조차 받을 수 없는
조국의 현실과는 딴판이었다.

그는 1967년, 서른한 살의 나이로 조국에 돌아와 장기려 박사를
찾아간다. 그는 장기려 박사와 함께 우리나라 의료 보험 운동의
뿌리인 '청십자 의료 보험 조합'을 만든다. 가난한 사람들에게 의
료 혜택을 주자는 취지에서였다. 하지만 그해 10월 30일, 채규철

장기려 1911~1995
6·25 전쟁 당시 월남하여 부산에 복음 병원을 세우고 행려
병자와 가난한 이웃을 위한 인술을 펼쳐 한국의 슈바이처로
불린다. 사회봉사 활동에도 관심이 많아 청십자 의료 보험
조합을 설립하고 운영하였다. '국민 훈장 동백장'과 '막사이
사이상'을 받았다.

은 김해평야에 있는 양계장을 견학하고 부산 토성동에 있는 기독교 사회관에서 열리는 회의에 참석하기 위해 돌아오는 길에 커다란 사고를 당한다. 그때 차 안의 시너가 두 통이나 폭발했다. 영아원 방바닥을 칠하기 위한 시너였다. 채규철은 논에서 일하던 농부의 도움으로 가까스로 살아난다. 온몸의 반이 3도 화상을 입은 끔찍한 사고였다. 의사들은 가망이 없다고 했다. 심지어는 팔과 다리를 절단해야 한다고도 했다. 그러나 장기려 박사는 사람의 목숨은 하나님 손에 달려 있는 것이라며 단호하게 그럴 수 없다고 말한다. 최선을 다해 치료해 보자는 뜻이었다. 채규철은 울고 싶어도 눈물샘이 타 버려 울 수도 없었다. 이후 그는 27번의 수술을 받아 'ET'의 모습으로 다시 태어나게 된다.

그래도 장애는 서럽기 짝이 없는 것이었다. 커피 한잔 마시려고 다방에 들어가면 주인이 10원짜리 동전 하나 던지며 나가라고 고함쳤고, 버스를 타면 버스 기사는 거지인 줄 알고 차비를 받으려 하지 않았다. 그 무렵 채규철은 '기독교 생활 재단'이 보내 준 작은 책자를 받는다. 장님에 귀머거리에 벙어리인 헬렌 켈러가 쓴 《사흘 동안만 눈을 뜰 수 있다면》이라는 책이었다.

헬렌 켈러 Keller, Helen
19개월 되던 때 열병을 앓아 볼 수도, 들을 수도, 말할 수도 없게 되었다. 헌신적인 가정 교사 설리번 선생을 만나 교육을 받은 후 신체장애를 극복하고 농맹아의 교육과 사회 복지 사업에 큰 공을 세워 '빛의 천사'로 불린다. 저서에 《나의 생애》, 《암흑 속에서 벗어나》, 《신앙의 권유》 등이 있다.

"만일 내가 사흘 동안만 볼 수 있다면,
첫째 날엔 나를 가르쳐 준 설리번 선생님을 찾아가
그의 얼굴을 보고, 산과 들로 나가 아름다운 꽃과 풀과
빛나는 노을을 보고 싶다.
둘째 날엔 새벽 일찍 일어나 먼동이 트는 모습을 볼 것이며,
저녁에는 영롱하게 빛나는 하늘의 별을 봐야지.
셋째 날은 큰길로 나가 부지런히 일하는 사람들의
활기찬 표정을 보고 싶다.
점심때는 아름다운 영화를 즐기고,
저녁엔 황홀한 네온사인을 보며 집에 돌아와
사흘 동안 눈을 뜨게 해 주신
하나님께 감사의 기도를 드리겠다."

한쪽 눈은 사고로 앞을 볼 수 없게 되었지만
헬렌 켈러의 글은 채규철의 눈을 뜨게 했다.

채규철은 사고 전부터 하고 있던 청십자 운동을 다시 시작했다.
간질 환자 진료 사업 모임인 '장미회'도 창립했다.
제자 이경수의 도움을 받아 〈불길을 뚫고〉라는 글을
'MBC 창사 10주년 기념 수기 공모'에 내
우수작으로 입상했다.
채규철의 이야기가 세상에 알려지기 시작한 것이다.

이후 그는 새마을 연수원 등에서 '장애를 극복한 삶'을 주제로 강의를 시작한다. 그의 강의는 많은 사람들에게 희망과 용기를 주었

다. 학교, 기업체, 관공서, 사회단체 등 점점 더 많은 곳에서 그에게 강의를 요청했다. 명강사로 이름을 날렸지만 외모에 대한 괄시는 계속되었다. 한번은 화장품 회사 미용 사원들에게 강의를 하러 갔다가 현관에서 쫓겨나기도 한다. 남모를 그의 번민도 깊어 갈 수밖에 없었다.

1975년 채규철은 우편물을 받는다. 발신지는 부산이었다. 보낸 사람은 임중기. 7만 원짜리 수표와 함께 편지가 있었다. 편지를 쓴 이는 바로 채규철이 사고를 당했을 때, 차를 몰았던 운전사였다. 사죄를 바란다는 내용이었다.
다음 해 부산에 내려갔을 때, 채규철은 임중기와 재회하게 된다. 그 자리에서 임중기는 사죄의 눈물을 흘린다. 이때 채규철은 임중기에게 말한다.

> "임 선생, 그만 우시오.
> 우리가 사는 데 'F'가 두 개 필요한데
> 하나는 'Forget(잊어버리라)'이고,
> 다른 하나는 'Forgive(용서하라)'요.
> 잊어버리고 용서하라는 말이오."

1986년 채규철은 경기도 가평군 두밀리에
'두밀리 자연 학교'를 열었다.

채규철과 선생님들은 이곳을 'CLO'라 불렀다. 'Children Liberty Organization', 해석하자면 '어린이 해방 단체'라는 뜻이다. 아이들이 자연 속에서 신 나게 놀 수 있는 곳이라는 뜻이었다. 풀숲이 우거진 곳에 천막 하나 쳐 놓은 것이 학교의 전부였다. 전기도 없었고, 화장실도 없었다.

해마다 5월부터 9월까지 주말이면
전국 각지에서 어린이들이 몰려와
채규철과 함께 반딧불이를 잡고,
자기 이름이 적힌 텃밭에서 옥수수를 기르고
밤에는 귀신 놀이를 했다.
숲과 풀과 풀벌레와 하늘의 별이 그대로 교과서였다.
그러나 샤워장을 지은 것이 문제가 되었다.
농지를 불법으로 전용했다는 이유로
두밀리 자연 학교는 폐교되고 만다.

채규철은 1975년에 '사랑의 장기 기증 본부'를 만들어,
숨지기 전까지 그 단체의 이사를 맡았다.

2001년에는 공동체 평화 운동 단체인
'철들지 않는 사람들'을 만들었다.

'철들지 않는 사람들'은
'철부지처럼 잘 먹고 잘 놀자!'라는 구호를 내걸었다.
그러나 마냥 철없이 놀자는 것은 아니었다.
이 모임이 생기기까지는 재미있는 일화가 하나 있다.

2002년 6월, 경남 함양의 녹색 대학에서 열린 행사에 채규철이 참여했을 때, 그는 이 녹색 대학 정일상 이사장에게 이렇게 물었다. "정 선생은 언제까지 철없이 이상한 일만 하고 다닐 겁니까?" 정 이사장은 "나만 철부지요? 채 선생도 철부지지."라고 응수했다. 모든 이들이 서로를 '철없는 사람들'이라며 웃고 있을 때 남형우 한국 야생 동물 보호 협회 전북 지회장이 철부지 모임을 만들자고 제안했다. 이렇게 해서 만들어진 것이 '철없는 사람들'이란 모임이었다. 돈도 생각지 말고, 명예도 따지지 말고, 아이처럼 즐겁고 착하게 살자는 의미였다.

> "신 나게 놀고, 맛있게 먹고,
> 달콤하게 잠자자."

이것은 두밀리 자연 학교 교장인
채규철의 소신이기도 했다.
그가 바란 삶은 엄숙한 삶이 아니라 자연 속에서
아이들처럼 신 나게 놀 수 있는 철부지로서의 삶이었다.

"너희가 돌이켜 어린아이들과 같이 되지 아니하면 결단코 천국에 들어가지 못하리라."라는 성경의 구절대로 그는 철부지로서 삶을 마감했다. 2006년이 저물어 가던 12월의 일이었다.

청십자 의료 보험 조합

청십자 의료 보험 조합은 1968년 5월 13일 장기려, 채규철 등 부산의 기독교도들을 중심으로 700여 명의 회원이 창설한 '청십자 의료 보험 조합'으로 출발했다. 청십자라는 명칭은 1929년 미국의 킴블이 베일러 대학교 교직원들의 의료비 문제를 해결하려고 시작했던 청십자 계획(Blue Cross Plan)에서 빌려 왔다. 청십자 의료 보험 조합은 1977년 한국에 의료 보험이 도입되기 전부터 민간인들을 중심으로 의료 보험 사업을 성공적으로 실시한 대표적인 사례로 기록된다. 청십자 의료 보험 조합은 1989년부터 실시된 도시 지역 의료 보험의 모형을 설정하는 데 큰 기여를 했다.

채규철

1937년	함경도 함흥에서 출생.
1950년 12월 24일	월남.
1956년	대광 고등학교 졸업.
1963년	서울 시립 농업 대학교 수의학과 졸업.
1960~1961년	풀무 농업 기술 학교 교사.
1965~1966년	덴마크 하슬레브 대학에서 수학. 덴마크 정부로부터 국비 유학생 초청을 받아 하슬레브 대학에서 '국민 고등학교 운동'과 '협동조합 운동'을 배움.
1968년	장기려 박사와 함께 우리나라 의료 보험 운동의 시발점인 '청십자 의료 보험 조합' 설립.
1968년 10월	경남 김해의 한 양계장 견학을 마치고 돌아오던 길에 사고로 얼굴과 손발이 타고 몸에 전신 3도 화상을 입음.
1970년	간질 환자 진료 사업 모임 '장미회' 창립.
1975~2006년	새마을 연수원 등 교육장에서 장애를 극복한 삶을 주제로 강의.
1980~2006년	사회 복지 법인 '한벗 재단' 대표 및 고문.
1986년	'두밀리 자연 학교' 창립 및 운영.
1991년	'사랑의 장기 기증 운동 본부' 창립 이사.
1996년	제1 회 풀뿌리 환경상 수상.
2001년	환경 교육 문화상 수상.
2003~2006년	'철들지 않는 사람들' 창립 및 상임 대표 역임.
2006년	운명.

사진 제공
시몽포토에이전시, 권정생어린이문화재단, 다석학회, 유정희(채규철 유족),
유한양행(홍보실), 장준하기념사업회, 강봉구, 사계절출판사, 우리교육

* 사진 게재를 허락해 주신 분들께 감사합니다. 해외에서 저작권을 보유 중인 사진을
  비롯한 일부 사진은 사정상 저작권 사용 허락 요청 중에 있습니다.
  빠른 시일 내에 저작권 허락을 받도록 하겠습니다.